T0120699

CONOCIENDO AL YO SOY

María Mercedes Belli

Puede hacer pedidos de libros de WestBow Press en librerías o poniéndose en contacto con:

WestBow Press
A Division of Thomas Nelson & Zondervan
1663 Liberty Drive
Bloomington, IN 47403
www.westbowpress.com
844-714-3454

ISBN: 978-1-6642-6370-3 (tapa blanda)
ISBN: 978-1-6642-6372-7 (tapa dura)
ISBN: 978-1-6642-6371-0 (libro electrónico)

Número de Control de la Biblioteca del Congreso: 2022906979

Información sobre impresión disponible en la última página.

Fecha de revisión de WestBow Press: 06/08/2022

ÍNDICE

¿CÓMO SURGIÓ ESTE LIBRO?

Este libro comenzó a germinar cuando asistí a una charla sobre nuestro destino profético. Básicamente, el destino profético es el propósito de Dios para tu vida. Al finalizar, invitaron a los que no conocíamos nuestro destino profético a pasar adelante para que oraran por nosotros. Yo pasé y me sorprendió que me dijeran que Dios me iba a dar revelaciones y que debía escribir esas revelaciones. Nunca me gustó escribir. Me inclino más hacia los números que a las letras. Además, ¿qué iba escribir? No tenía nada que decir. ¿Revelaciones? No soy profeta.

En dos ocasiones más, profetas diferentes me dijeron que tenía que escribir libros, una de ellas, Nerea de Osorto, me dijo que escribiera mi testimonio. En el tiempo de Dios será, me decía a mí misma, por no decir que no me identificaba con la idea. Anoche, casualmente, escuché una charla de la profeta Nerea sobre el destino profético. Decía que tu destino profético va a transformar tu manera de vivir. Y fue el cambio drástico de vida lo que me llevó a escribir.

Empecé escribiendo en Facebook como una especie de reportera, resumiendo las charlas de mi esposo, Humberto Argüello, que en ese entonces estaba al frente del ministerio en Nicaragua. Cuando mi tiempo en el ministerio terminó, Dios me llevó, poco a poco, a escribir las revelaciones que recibía. Sí, las revelaciones. Yo pensaba que esas revelaciones iban a ser que Dios me mostrara el futuro a algo así. Lo que yo recibo son explicaciones de Su Palabra.

Ahora que tengo más tiempo y tranquilidad para buscar a Dios, Él me ha dado revelación, por lo que descubro cosas nuevas, profundizo en algún tema o me revela otros aspectos. Un día sentí el impulso de compartir algo muy corto en FB, algo que me había llamado la atención, y así seguí escribiendo. Definitivamente era el tiempo de Dios, porque ahora siento libertad al escribir. Ya no tengo la responsabilidad de ser la cara más visible del ministerio. La Palabra de Dios dice que todo ayuda a bien a los que amamos a Dios. La experiencia negativa que tuve con las redes, cuando decían de mí muchas cosas, me liberó del temor a exponerme al público. Había sido expuesta y había salido fortalecida. Ahora sí puedo abrir mi corazón y exponer mis pensamientos.

Así fue que, sin proponérmelo, me puse a escribir. Las ideas fluían. El don se está desarrollando y he empezado a cumplir mi destino profético. Otra profeta me dijo: «Serás pluma de escribiente en las manos de Dios». Aquí estoy, en la mano de Dios, siendo obediente y aprendiendo algo nuevo. En este libro comparto mi testimonio a grandes rasgos y un poco de lo compartido en Facebook. Son mis pinitos en esta nueva asignación de parte de Dios.

AGRADECIMIENTOS

En primer lugar quiero dar gracias a Dios. De Él se trata este libro. Él transformó mi vida y formó un hermoso ministerio de la nada. Además, sin Su ayuda, nunca me hubiera animado a escribir.

También quiero dar gracias a las personas que me ayudaron leyendo el manuscrito, a mi hija Paola Terán, a Sofía Vásquez, a Bayardo Salmerón y a Martha de Vásquez. Gracias por tomarse el tiempo y darme sus opiniones.

Gracias a mis hijos Ricardo y David Argüello que me dieron soporte técnico. A María Isabel, en la parte de redes sociales.

No quiero dejar atrás a mi grupo de oración, Ana Rosa, Marlene, Verónica, Claudia y Sofía que oraron por mí y me animaron en todo momento.

A mi esposo, Humberto Argüello, mi compañero en este caminar con Dios. Gracias por dejarme el tiempo libre para escribir.

Gracias a todos de todo corazón. Sin su ayuda no hubiera sido posible.

PRESENTACIÓN

El libro que está en tus manos contiene el relato de mi aventura con Dios, que comenzó con un conocimiento teórico, de oídas, hasta llegar a una relación personal, a un conocimiento más profundo y una fe madura.

Todo empezó en 1988, cuando mi esposo, Humberto Argüello, tuvo un encuentro personal con Jesús. Dos años después, Dios lo mandó a comenzar un ministerio para hombres en Nicaragua. Casi otros dos años después, Dios me pidió que empezara un ministerio de mujeres, paralelo al de mi esposo.

Me tocó asumir un papel para el que no estaba preparada, para el cual no tuve mentores porque no fui a escuela de liderazgo ni a escuela bíblica.

Me pasó lo que a todas las madres, que no estudiamos ni nos preparan, aprendemos sobre la marcha. Yo aprendí sobre la marcha. Mis dudas, temores e inseguridades eran un obstáculo para el ministerio así que Dios me ayudó a vencerlos en la medida en que aprendía a conocerlo y a confiar en Él. Además de que yo no estaba preparada, no había nada escrito sobre el ministerio de mujeres en el que Dios me puso a trabajar. Tuve que diseñar las reuniones y los seminarios. Hice lo mejor que pude, con mis aciertos y desaciertos. No llegué allí porque lo quisiera, ya que no quería dejar mi comodidad. Fue Dios quien me escogió, me llamó y, de alguna manera, me empujó. Nunca me dejó sola y, con mucha paciencia, me fue guiando paso a paso. Estoy sumamente agradecida con Dios, porque, de lo contrario, no lo habría conocido como lo conozco hoy. Guardo en mis recuerdos experiencias inolvidables y llevo en mi corazón a personas maravillosas que conocí durante todos estos años. Espero que Dios me permita volver a verlas y abrazarlas.

Mi objetivo con este libro, al contar mi experiencia de cómo fui descubriendo nuevas facetas de Dios y aprendiendo a confiar en Él, es animar a otras personas a buscar a Dios personalmente.

Si sos una persona común, Dios te puede transformar en la persona extraordinaria que Él diseñó cuando te puso sobre la tierra. Todos hemos vivido experiencias que, en mayor o menor medida, nos han convertido en personas inseguras, temerosas, rencorosas, depresivas, con baja autoestima, con soledad, necesitadas de amor y atención, sin propósito. Sólo Dios puede sanar esas áreas. Yo recibí el amor y la aceptación incondicional de Dios para dejar atrás el temor, la inseguridad y la baja autoestima. También Dios llenó mis vacíos existenciales y dio propósito a mi vida. Es mi deseo que este libro te ayude a dejar que Dios trabaje en tu vida, que te llene de amor y te muestre tu propósito, porque todos fuimos creados para Él.

Si tenés un llamado para servir a Dios pero el temor te detiene porque no te sentís preparado, ese era mi caso y el de muchos otros. ¡Felicidades! Es un excelente comienzo porque no vas a estar lleno de autosuficiencia, al contrario, vas a estar dispuesto a depender de Dios. Entonces, Él te va a moldear y capacitar como lo hizo conmigo. Espero que este libro te ayude a decir que sí y a confiar en Dios para empezar una aventura maravillosa de Su mano.

Para las personas que tienen amor por las almas y desean alcanzarlas, pero no saben cómo, quiero mostrarles que existe una herramienta, diseñada por Dios, sencilla, que cualquiera puede utilizar y que ha demostrado su efectividad. Nosotros la usamos por veinte años y los resultados han sido asombrosos. Quiero dejar claro que no fue idea nuestra, la idea vino de Dios. Después de mucha oración y de buscar el rostro de Dios, la estrategia fue revelada. Algunos cuestionan el método, pero ¿qué diferencia hay cuando recibimos a Jesús en una iglesia o en la calle? ¿No es el mismo Jesús? No predicamos, como lo hacen los predicadores profesionales, compartimos nuestro testimonio, somos testigos de un Jesús vivo que transforma vidas. Y así como transformó la nuestra, tiene poder para transformar la de cualquiera. Romanos 1:16 dice que el evangelio es poder de Dios para salvación a todo aquel que cree.

PARTE I
MI EXPERIENCIA

UNA GRAN COSECHA

Corría el año 2019. Durante los últimos veinte años habíamos estado saliendo de nuestras cuatro paredes con lo que llamábamos *Equipos de Fuego*. Las salidas consistían en ir a lugares públicos como negocios, escuelas, parques, mercados o casa por casa para compartir nuestro testimonio o experiencia personal con Jesús y al final, invitar a las personas a entregarle sus vidas a Jesús.

Cada año el Espíritu Santo nos indicaba el departamento del país al que debíamos dirigirnos. El primer año éramos unos pocos, pero cada vez la cifra se incrementaba, tanto de obreros como de almas ganadas. Llegó un momento en que eran miles de personas las que se disponían a trabajarle a Dios por diez días, que pedían vacaciones en sus trabajos, dejaban negocios y casas para trasladarse al departamento designado. Todos trabajaban. Unos llevaban los registros de los eventos agendados y los distribuían entre las personas disponibles para realizarlos. Otros llevaban las estadísticas, otros mantenían el orden en el lugar, otros cocinaban, otros oraban y los más iban a la calle a compartir su testimonio. El año anterior, en 2018, se habían movilizado 4.500 personas a los departamentos de Estelí, Madriz y Nueva Segovia donde se había compartido testimonio a 416.918 personas.

El año 2019 era complicado. En 2018 hubo muchas manifestaciones en contra de las reformas al Seguro Social. Se levantaron barricadas en todas las ciudades, paralizando el país por varios meses. La policía quitó las barricadas a la fuerza, retomando el control de las calles. Por esta razón estaban prohibidas las concentraciones de personas y las movilizaciones masivas. Por eso creíamos que, en el mejor de los casos, se podría organizar salidas a pequeña escala. En oración, el Espíritu Santo le dio a Humberto la estrategia que deberíamos usar: se iban a distribuir las tareas de manera local en todo el país. Nadie saldría de su ciudad, sino que cada uno trabajaría en su entorno. De esa manera se evitaban las movilizaciones masivas y las grandes reuniones. Como todos dormirían en su casa, no íbamos a necesitar dormitorios múltiples para los que llegaran de otros lados. Los "puestos de mando", o centros de operaciones, serían más en número, pero de menor tamaño y la cocina iba a ser más sencilla.

No teníamos grandes expectativas, pero Dios nos sorprendió. Mucha gente se dispuso. Una ventaja fue que, por estar en su misma ciudad, podían trabajarle a Dios medio tiempo. Las mamás participaban mientras sus hijos estaban en la escuela y los estudiantes al salir de clases. Al finalizar el primer día de visitas y contabilizar el número de personas alcanzadas, nos sorprendimos de lo alto de las cifras. Al terminar el noveno día habíamos alcanzado un hito: se había sobrepasado el millón de almas. Había gozo, sorpresa y agradecimiento. ¡No me imagino la alegría en los cielos!

Equipos de Fuego de 2019 en cifras:
Años de entrenamiento: 20 (desde 1999 hasta 2019)
Tamaño del territorio a cubrir: 129.999 km^2
Población total: 6.167.237 personas
Departamentos y regiones: 17
Puestos de mando: 96

Servidores voluntarios: 7.261
Días: 9
Número de personas que escucharon nuestros testimonios y recibieron a Jesús: 1.200.582

¡Más de un millón de personas en nueve días! Sólo Dios podía haberlo hecho posible.

Los Inicios

¿Cómo empezó todo? En 1988 mi esposo, Humberto, fue invitado a un almuerzo de la Fraternidad Internacional de Hombres de Negocio del Evangelio Completo (FIHNEC) en Tegucigalpa, Honduras, donde estábamos viviendo. Allí escuchó el testimonio de la persona que lo invitó, un amigo que tenía su negocio cerca del nuestro. Mi marido cuenta que llegó a esa reunión con un vacío existencial ya que su mamá había muerto poco antes y, estando frente al féretro, se dio cuenta que la muerte nos espera a todos y que nada se lleva uno. Ya el hacer dinero dejó de ser prioritario para él. En esa reunión escuchó sobre una relación personal con Jesús que llenaba todos los vacíos. Mi esposo se aferró a esa oportunidad. Días después fue invitado a un seminario donde tomó la decisión de poner a Dios en primer lugar en su vida.

En mi marido se despertó una necesidad de conocer más de Dios. Fue invitado a participar en un grupo de capacitación y crecimiento que dirigía Emmanuel Rodríguez, en ese entonces presidente de FIHNEC en Honduras. El grupo se reunía una vez a la semana. También asistía a las reuniones semanales del capítulo. Muy a menudo me dejaba en el negocio y se iba a platicar donde el amigo que lo invitó. Humberto cambió sus amistades y sus costumbres. Muchas veces me comentó que le gustaría que sus amigos en Nicaragua pudieran experimentar lo que él estaba viviendo. A mí también me decía que pusiera a Dios en primer lugar. No me podía invitar a sus reuniones porque eran sólo para hombres, no se aceptaban mujeres, por lo que yo estaba al margen de todas sus vivencias. Yo no compartía su entusiasmo, al contrario, el sicólogo de mis hijos me había dicho que algunos hombres necesitan un pretexto para estar fuera de casa y que para mi esposo sus reuniones eran ese pretexto. Yo lo creía.

Humberto siempre dijo que en Honduras estábamos de paso. Por eso aprovechamos que su mamá había nacido en Estados Unidos para que solicitara nuestra residencia. Cuando nos otorgaron la residencia y nos preparábamos para ir a vivir a Estados Unidos, el líder de Humberto, Emmanuel, le dijo que no creía que nuestro destino fuera Estados Unidos, que orara y pidiera dirección a Dios. Esa noche Humberto volvió a casa confundido y me pidió que oráramos. Nos sentamos en la sala, en la oscuridad de la noche y le pedimos a Dios que nos aclarara cuál era nuestro destino. Humberto escuchó en su mente un versículo bíblico. Cuando lo buscamos, decía "Yo te haré volver a la tierra de tus padres". ¡Nicaragua! ¿Sería Nicaragua nuestro destino? Primero Dios tenía que confirmarlo cumpliendo ciertos requisitos y Dios cumplió cada uno de ellos. El viaje a Estados Unidos se detuvo.

Dos años después de que mi esposo tuviera su encuentro con Jesús, lo animaron a viajar a Nicaragua para empezar un capítulo de la Fraternidad Internacional de Hombres de Negocio del Evangelio Completo (FIHNEC). Al principio dudó porque no se sentía capacitado, pero Dios le habló a través de una visión asegurándole que lo enviaba porque no tenía otro candidato. Dios le aseguró que no lo iba a dejar solo, además estaba el pacto de obediencia que mi esposo había hecho y el deseo de que sus amigos conocieran a Jesús.

Así empezó a viajar a Nicaragua, nuestra patria, a preparar las condiciones para un primer capítulo. La situación en Nicaragua era difícil. El país estaba saliendo de una guerra, la economía estaba en el suelo y todo escaseaba. Los restaurantes también escaseaban y los precios eran altos. Pudo encontrar lugar en el Country Club, donde le permitían tener reuniones semanales, con la condición de pagar por adelantado. Contrató un servicio de buffet para 50 personas. Invitó a sus antiguos compañeros de estudio y a cuanto conocido encontró. De Honduras viajó un grupo de fraternos a apoyarlo y el jueves 25 de octubre de 1990 se inauguró el capítulo.

Mi marido viajaba por tierra de Tegucigalpa a Managua. Salía los jueves al mediodía llevando a la persona que iba a compartir su testimonio y regresaban viernes o sábado. Pronto necesitó quedarse más tiempo en Managua para invitar, organizar las reuniones, aclarar dudas y hablar de Jesús con los que estaban sintiendo la misma sed que tuvo él en sus comienzos. Llegó el momento en que se planteó la necesidad de que toda la familia se fuera a vivir a Managua.

El Traslado

Que mi marido permaneciera en Managua por largos períodos de tiempo era una cosa. Que yo me tuviera que trasladar con mis hijos, era otra cosa. Yo no compartía con mi esposo el compromiso de servirle a Dios. Además, él servía en un ministerio de hombres, donde las mujeres no teníamos cabida así que no veía la razón de llevarme a mí también.

El traslado no era un simple cambio de residencia. Nuestra fuente de ingresos estaba en Tegucigalpa, ¿de qué íbamos a vivir? Tenía tres hijos y un cuarto en camino. Necesitaba encontrar escuela para mis hijos y un ginecólogo. En Nicaragua todo escaseaba porque era una economía de posguerra. Yo hice todo lo posible por permanecer en Tegucigalpa y mi marido porque me trasladara a Managua. Cuando al fin llegué a Managua no me gustó para nada. Creo que las condiciones de guerra habían hecho que se perdiera el respeto hacia las otras personas. Por ejemplo, en una ocasión fui al banco y tuve que hacer una fila enorme, no había ninguna consideración para las embarazadas y yo estaba en el octavo mes de gestación. Cuando fui al ginecólogo, sentí la gran diferencia en el trato con respecto a las consultas en Honduras. Otra cosa importante era que no teníamos dinero. Tampoco posibilidades de trabajo. La relación con mi esposo estaba deteriorada. Mientras yo me preocupaba por las cosas del mundo, como comida, ropa o escuela, mi marido sólo se preocupaba por servir a Dios.

Un día, en consenso con mis hijos, tomé la decisión de regresar a Tegucigalpa. Era fácil porque tenía un poder firmado por mi marido para que pudiera viajar sola con mis hijos. Pero para ese entonces, había aprendido que mi marido todo lo consultaba con Dios, así que hice lo mismo. Como yo no esperaba escuchar la voz de Dios, le planteé mi decisión. "Señor, no estoy contenta aquí y mis hijos tampoco. Humberto te está sirviendo, pero yo no tengo cabida en su servicio y quiero regresar. Creo que es lo mejor para todos: para Humberto, porque te va a servir sin la preocupación de una familia; para mis hijos y para mí, porque vamos a estar donde queremos, y para vos, porque lo vas a tener de tiempo completo. Desde allá le puedo enviar dinero para la obra. Pero... si no te parece el plan, no me permitas hacer el viaje". Dios me impidió el viaje. Yo pensaba aprovechar la ausencia de mi marido para regresar a Tegucigalpa con mis hijos. Después de esa petición a Dios, Humberto me dijo que cancelaba su viaje y que iban a tener un seminario de parejas, por lo que quería que lo acompañara.

Me quedé en Managua. Fue difícil con mis hijos, porque yo les había dado voz y voto en las decisiones y después, unilateralmente, decidí que nos quedábamos. Por supuesto, les dije que Dios no me permitió el viaje, pero les había hecho la ilusión de que regresábamos a Honduras. Yo tampoco estaba feliz de quedarme.

Adaptándome a la Nueva Vida

Entendí que Dios quería que me quedara, aunque no le veía lógica. De niña había estudiado en un colegio religioso y aprendí que a Dios se le obedece. Así que me dispuse a obedecerle, pero también a ponerle mis condiciones. Lo primero que le pedí fue una fuente de ingresos y Dios me dio un pequeño negocio de servicio de levantado de textos para agencias de publicidad. Un amigo de Humberto tenía una agencia de publicidad y se le hacía difícil tener a tiempo los textos para los anuncios en los periódicos. Yo tenía los programas, los equipos y la experiencia, así que empecé a prestarle servicio y poco a poco fueron llegando nuevos clientes. El negocio creció y suplía las necesidades de la casa. Pero yo me volví adicta al trabajo. El trabajo era para mí una vía de escape de la realidad, de las contradicciones que llevaba adentro. Además, era un escape sano, socialmente aceptable, porque proveía el sustento para mis hijos. Como trabajaba en casa, me sentía una buena madre, que estaba todo el tiempo con mis hijos y trabajaba por ellos. Lo que no veía era que estaba sumergida en el trabajo y aislada del mundo. Trabajaba hasta noche y, cuando me iba a acostar, tenía que llevar a la cama a mis hijos que se habían quedado dormidos a mi alrededor. A la hora de las comidas no tenía tiempo para sentarme a la mesa porque tenía trabajos que entregar y mis hijos no comían esperándome. Un día, uno de mis hijos se enfermó y el médico me dijo que eran las amígdalas, pero la enfermedad más grave que tenía era desnutrición. ¡Y yo trabajaba para darles de comer! Llenaba el refrigerador con todo tipo de alimento. Me sentía orgullosa de poder comprar una variedad de alimentos. No me había dado cuenta que mis hijos demandaban mi presencia. El incidente con el médico coincidió con el crecimiento del ministerio, por lo que necesitaba más tiempo libre, tanto para mi familia como para el servicio. Así que le pedí a Dios un ingreso que me dejara administrar mi tiempo, que se llevara a los clientes que necesitaban trabajos urgentes y dejara a los que me permitían trabajar en mi propio horario. Dios accedió a mi petición. Disminuyó el trabajo, pero disminuyeron los ingresos.

Dios me Ama

Al llegar a Nicaragua, me dispuse a buscar trabajo como analista de sistemas pero no encontré. Había personas en el medio que me conocían y creían en mi capacidad, pero yo estaba desactualizada. Me recomendaron que me pusiera al día y regresara.

Cuando todavía era soltera, mi mamá solía decirme: «Sos bonita, inteligente, con una buena posición económica, una familia conocida y una carrera universitaria. Tienes todo para ser feliz.»

Pues ese todo se había esfumado. Cuando me casé, un amigo

de mi esposo me dijo que si era inteligente, podría tener un buen matrimonio. Como estábamos teniendo dificultades entre nosotros, borré lo de inteligente.

No sé si por la inactividad, por las emociones negativas, o por la razón que haya sido, me engordé. Aumenté seis tallas de ropa. Borré lo de bonita.

Borré lo de buena posición económica, apenas tenía para lo básico. También lo de carrera universitaria, ¿para qué me servía un título si no encontraba trabajo? Estaba desactualizada.

Por último, borré lo de familia. No me entendían, ni estaban de acuerdo con que mi marido se dedicara a servirle a Dios.

Me sentía fracasada. Como esposa, porque mi matrimonio había fracasado. Como profesional, porque no encontraba trabajo. Como madre, porque mi hija mayor estaba en la rebeldía de la adolescencia. Como mujer, por lo gorda que estaba. No tenía fuerzas para nada. No quería que nadie me viera.

En mi encierro, me dediqué a leer. Era ávida lectora, leía lo que caía en mis manos. Mi esposo empezó a comprar libros cristianos por cajas y yo leía por cajas. Algo curioso es que todos los libros me hablaban del amor de Dios. Que Dios me amaba incondicionalmente, que era preciosa para Él. Tiempo después me acordé de esas declaraciones de amor tan lindas y quise volver a leerlas. Encontré los libros, pero ¡ninguno hablaba de amor! No sé si Dios cambió el contenido de los libros o si cambió mi percepción de lo que leía. Lo que sé es que recibí el mensaje que necesitaba, en el momento que lo necesitaba.

También recibí llamadas telefónicas desde Honduras. Me decían que, en oración, Dios les había dicho que me llamaran para decirme que me amaba.

Recibía amor, amor y más amor. Todo a mi alrededor me hablaba del gran amor de Dios. Así que un día, mi tanque de amor se llenó y decidí enfrentar el mundo confiada en el amor de Dios.

A lo largo de los años, he tenido otras manifestaciones de Su amor. Una vez estaba escuchando los pajaritos cantar y me acordé de

Cantares. Es tiempo de amores, me dije. Señor, quiero tener amores contigo. De pronto, me sentí rodeada de un amor indescriptible. Me parecía increíble que el Rey del Universo hubiera puesto sus ojos en mí. Me sentía intocable. ¿Qué importaba lo que el mundo pensara o dijera de mí si el Todopoderoso me amaba?

El Llamado de Dios

Una tarde, mientras estaba en mis afanes, recibí una llamada telefónica de una dama cuyo marido asistía a las reuniones de FIHNEC. Me dijo que Dios le había hablado para que nos reuniéramos también las mujeres. Yo me excusé, ya que tenía mucho trabajo, un bebé que atender y no tenía vehículo para movilizarme. Me contestó que iba a llegar a mi casa, así no tendría que moverme y que no me iba a quitar mucho tiempo, por lo que no tuve más excusas. Además, me dijo que era instrucción de parte de Dios.

Sinceramente, hasta ese momento, yo no había querido involucrarme. Cuando encontraba a las esposas de los fraternos y me preguntaban por reuniones para mujeres, les decía que más adelante. Dentro de mí pensaba que suficiente con un loco en la familia, yo debía conservar la cordura y velar por mi familia.

Ese jueves 2 de julio de 1992 por la noche, llegaron tres mujeres a mi casa. Nos vimos las caras unas a otras, sin saber qué hacer. Una dijo: «Oremos, ¿alguien sabe orar?» Ninguna sabía orar. Otra preguntó por el objetivo del grupo y la metodología a seguir. No teníamos nada, sólo la orden de Dios de reunirnos también las mujeres. Invité a la esposa de un fraterno que había pertenecido antes a un grupo cristiano para que nos orientara pero no aceptó. Al siguiente jueves, no recuerdo lo que hicimos, sólo que seguíamos desorientadas.

El tercer jueves, Martha de Vásquez llegó con una profeta, Marilú Aquino. Martha es una amiga que había trabajado conmigo en el Banco de América en Managua, nos reencontramos en Tegucigalpa ya que su esposo asistía a las reuniones de FIHNEC. La profeta nos dijo que teníamos que estudiar la Biblia "con unción". Que Dios nos iba a enseñar y que iba a levantar profetas y maestras en medio de nosotras. También nos habló de miles de mujeres que vendrían del norte, del sur, del este y del oeste. Por último, nos ministró el Espíritu Santo.

Para la siguiente reunión, llevamos nuestras Biblias y abrimos una página al azar, la leímos y la comentamos. Como al mes, nos invitaron a Choluteca, Honduras, donde había un grupo de mujeres. Les contamos todo lo que habíamos estado haciendo y la orden de la profeta, por lo que nos recomendaron un estudio bíblico. Así fue como comenzamos ese estudio. Como yo me sentía responsable del grupo, contestaba las preguntas de antemano, me aprendía los versículos para memorizar y hacía las lecturas. Esa fue mi primera experiencia con la Biblia. El estudio formulaba preguntas y la respuesta teníamos que deducirla de un versículo que citaba. Ese estudio me ayudó a perder el miedo de leer la Biblia, a no verla como algo ininteligible, sino como algo práctico, que daba respuestas a preguntas de la vida diaria.

El grupo crecía con las esposas de los fraternos y algunas amigas o familiares que ellas llevaban. Además de estudiar la Biblia, compartíamos lo que escuchábamos de nuestros esposos, sobre milagros, sobre el mundo espiritual, sobre un Dios diferente al que yo conocía. Dentro de mí se suscitaban grandes dudas. Hablaba de lo que había escuchado, pero no experimentado. ¿Será cierto? ¿Y si es mentira? Soy culpable de engañar a todas estas mujeres. Sentía la carga sobre mis hombros. Las dudas me atormentaban.

Mi hija mayor me acompañaba a todas las reuniones. Era mi mano derecha. Si por alguna razón, generalmente por trabajo, yo no podía dirigir la reunión, la dejaba a ella dirigiendo. Otras mamás que tenían hijas de la misma edad que la de mi hija me preguntaron si las podían llevar, a lo que accedí. Así se formó un grupito de jóvenes que llegaban a nuestras reuniones. Eran entusiastas, unas tocaban guitarra, otras cantaban y así formaron un coro. También recibieron los dones del Espíritu Santo, hablaban lenguas, interpretaban y profetizaban.

El Angel de Dios

Algo que yo reclamaba constantemente a mi esposo eran sus salidas de noche. Al principio, las reuniones eran sólo por la noche, una cena, pero Humberto se quedaba más tiempo. Después de la reunión se quedaban en el estacionamiento para compartir, de modo que los encuentros se alargaban hasta la media noche. Cuando empezó a viajar a los departamentos del país, había que sumar al tiempo de reunión las horas de viaje. En ese entonces las carreteras estaban muy malas y los viajes tardaban más de lo normal. Yo era muy miedosa. Quedarme sola con mis hijos durante la noche me hacía pensar en la posibilidad de un terremoto o en la visita de un ladrón. Ya antes había vivido un terremoto y nos habían visitado los ladrones, y yo no me sentía capaz de enfrentar sola ninguna de las dos posibilidades.

Un día Dios me habló en el salmo 127 donde dice que, si Dios no vigila la ciudad, está de más que los centinelas vigilen. Mi mente empezó a trabajar. ¿Será cierto que Dios me cuida? ¿Cómo va a hacer Dios si vienen los ladrones? ¿Y si me duermo confiando en que Dios nos cuida y no me doy cuenta cuando vengan los ladrones? Yo quería creer, quería poder confiar, pero la lógica no me lo permitía. Hasta que un día acompañé a mi esposo a una reunión en Honduras. Cada noche, antes de acostarme, yo revisaba las puertas por los ladrones y caminaba por toda la casa cuidando que no quedara un juguete mal puesto o algo fuera de lugar para no tropezarnos por si había un terremoto y teníamos que salir corriendo. Como era yo la que cerraba las puertas todas las noches, esa noche en que yo no estaba nadie cerró la puerta de entrada. A la mañana siguiente, la muchacha que estaba cuidando a los niños se levantó y se asustó al ver la puerta abierta. Se asomó a la calle y el celador de la casa vecina la llamó. «¿Qué pasó en la casa anoche? No cerraron la puerta, no apagaron las luces, no había reunión porque estaba todo en silencio, pero vi a un hombre alto, vestido de blanco que estuvo parado en la puerta hasta el amanecer». ¡Dios mandó un ángel y permitió que fuera visible! Desde ese día duermo tranquila, ya no me hago más preguntas, sólo confío en la protección de Dios para mi casa. Ese temor fue vencido, y con él desapareció esa fuente de conflicto con mi esposo. Dios me estaba preparando para el futuro, para cuando Humberto tuviera que viajar fuera del país.

Sanidad Divina

Era escéptica en cuanto a la sanidad divina. Había escuchado que los milagros se acabaron con los apóstoles. Además, una amiga me contó que cuando había campañas de sanidad, fingía haber sido sanada para ponerle un poco de emoción. Como mi mente era lógica y las sanidades no tenían explicación lógica, prefería no creer. Me decía a mí misma: voy a creer cuando la sanidad sea instantánea, para estar segura de que no fue por el paso del tiempo ni por medicamentos; cuando conozca a la persona, para estar segura de que la enfermedad es real, y cuando sea frente a mis ojos, para que no me cuenten cuentos.

Cuando nació mi quinta hija, por medio de cesárea, me detectaron miomas y me recomendaron extraer la matriz. Yo no quería someterme a otra operación, por lo que le pedí a Dios que me sanara. Cuando llegó el tiempo de hacer un ultrasonido para ver el estado de los miomas, el médico me dijo que los miomas se habían calcificado y que no necesitaba operación. Le di gracias a Dios, pero todavía dudaba. No había reunido mis tres condiciones.

Mi cuarto hijo empezó a padecer de una tos alérgica persistente. No sabíamos lo que le provocaba la alergia, sólo que le producía traqueo-espasmos. Los episodios ocurrían casi siempre a media noche. Me despertaba cuando escuchaba su dificultad para respirar, seguida de una tos seca. Lo había llevado a muchos médicos que le recetaban una cantidad de medicamentos, pero no mejoraba. Un día me cansé y decidí que, ya que los medicamentos no lo sanaban, iba a prescindir de ellos y los iba a sustituir con aceite de ungir. A la hora de las medicinas, le untaba aceite en el pecho y lo declaraba sano en el nombre de Jesús. Por algún tiempo mejoró y eché todas las medicinas a la basura.

Una noche, a media noche, me despertó su respiración. Estaba padeciendo un severo ataque y yo no tenía ninguna medicina a mi alcance. En mi desesperación, empecé a luchar contra un ser invisible y a recitar cuanto versículo bíblico sobre sanidad vino a mi mente. Para mi asombro, su respiración se fue normalizando hasta quedarse dormido. Nunca más ha tenido otro ataque. Esa sanidad cumplió con mis requisitos: conocía a mi hijo, fue instantánea y ante mis ojos. Hoy sí creo en la sanidad divina. Desde ese entonces he visto muchísimas sanidades.

PÁNICO ESCÉNICO

En mi época de escuela fui la mejor alumna de mi clase. Eso no me hacía muy popular. Recuerdo que un día la profesora me pasó a la pizarra y me confundí, provocando la burla de mis compañeras. Desde entonces no abría la boca si no estaba cien por ciento segura de que estaba en lo correcto.

Cuando el grupo de mujeres fue creciendo se hizo necesario comprar un micrófono. A varias de nosotras el micrófono nos provocaba pánico escénico. Yo prefería evitarlo, pero mi voz es baja y no me escuchaban bien. En el fondo, prefería que no me escucharan porque no tenía total seguridad de que lo que iba a decir era correcto. Estaba hablando de temas que no dominaba, temas que estaba aprendiendo a conocer. No es que las otras fueran conocedoras, pero el temor al ridículo era muy fuerte en mí.

Un grupo de damas decidió reunirse todos los sábados a ayunar y orar por mí, para que no fuera tan temerosa y que usara el micrófono. No supe cuándo sucedió, las oraciones surtieron efecto y un día me atreví a tomar el micrófono. Ese día hubo aplausos y me confesaron que habían estado orando y ayunando por eso. Me decían que tenía que acostumbrarme a usar micrófonos por lo que me esperaba en el futuro.

Por su parte, Dios me aseguró en diversas ocasiones de que no iba a ser avergonzada, que abriera mi boca y Él la llenaría de palabras. Dios me reafirmaba constantemente que estaba conmigo y no me dejaría sola. Así fue como pude vencer el temor a hablar en público por miedo a quedar en ridículo.

Lanzada del Nido

En nuestros inicios, hacíamos seminarios un día sábado y venían personas de Honduras a impartirnos charlas. Como éramos pocas, los hacíamos en el patio de una casa o en un corredor. De entre esas personas que venían a darnos charlas, recuerdo en especial a Nerea de Osorto. Ella hablaba con tanto entusiasmo del libro de Cantares, que me sentí animada a leerlo y a hacerlo mío también.

En una ocasión me sugirieron que contratáramos un salón en un hotel. Allí tuve que firmar un contrato. Pocos días antes del seminario, me llamó la persona que iba a darnos las charlas para excusarse porque no iba a poder viajar. Presionada por el contrato, llamé a varias personas para ver si alguna podía venir, pero no encontré a nadie. Así que hablé con mi círculo íntimo y les dije que nos preparáramos para impartir nosotras el seminario, pero que no le dijeran a nadie, de lo contrario tendríamos que pagar nosotras el hotel. Creo que el contrato fue una trampa de Dios para obligarme a impartir una charla. Me sentí como un polluelo obligado a salir de la comodidad del nido. Así como es necesario que los polluelos aprendan a volar, era necesario que yo también me decidiera a volar. A partir de ese día, nos repartíamos los temas entre nosotras y nos preparábamos de antemano para dar las charlas. Ya no vinieron más invitadas de otros países.

Otra razón para dar nosotras mismas las charlas fue que éramos un grupo interdenominacional, cristocéntrico. Nos reuníamos católicas y evangélicas de diferentes denominaciones. Si la persona que impartía la charla no era respetuosa de las diferencias, provocaba conflictos. Tuvimos varios incidentes embarazosos. En cambio, nosotras nos enfocábamos en lo que nos unía y no hablábamos de lo que nos separaba.

La última charla en los seminarios era siempre la Promesa del Padre o del Espíritu Santo. Algo quedaba en mí del temor al ridículo, por lo que no me atrevía a dar esa charla, me aterrorizaba la idea de que nada sucediera. Las jóvenes eran más osadas, por lo que siempre ponía a mi hija. Pasó un buen tiempo antes de que me atreviera a dar esa charla. Después me tocó impartirla delante de miles de mujeres.

Con el crecimiento de los grupos, empezamos a coordinarnos con los varones. Le pedí a Humberto que nos impartiera las charlas que compartían los hombres. Así que Humberto empezó a estar presente en la mayoría de nuestros seminarios. Nos dijo que aprendiéramos a depender del Espíritu Santo. Nada de estar leyendo. Es verdad que si nos apegamos a lo escrito, las charlas se vuelven monótonas y no dejan espacio para que el Espíritu Santo se mueva. Tuve que aprender a pararme al frente y hablar de lo que Dios ponía en mi mente relacionado con el tema que me tocara, sin un guion. Las ideas fluían, también los versículos memorizados durante el tiempo en que hacíamos estudios bíblicos.

Esta es una forma muy especial de dirigir un seminario. Dependiendo totalmente del Espíritu Santo. Hasta que estábamos allí, el Señor nos indicaba a la persona que iba a hablar. Lo único que teníamos eran los temas, cada persona lo desarrollaba según Dios la guiara. Un tema exclusivo para las mujeres era el perdón, ya que nos cuesta tanto perdonar.

Dar Fruto

En otra ocasión que leía la Biblia, Dios me habló por medio de la parábola de la higuera sin fruto. En esta parábola el dueño de una viña dice que por tres años ha esperado que una higuera produzca fruto y, como no lo ha dado, la va a cortar. Su criado le pide que la deje un año más, que la va a abonar para ver si así da fruto y si al año sigue sin fruto, que la corte. (Lucas 13: 6-9)

Me di cuenta de que estábamos por cumplir tres años y entendí que debíamos dar fruto, así que hablé con el grupo. Decidimos que el último jueves de cada mes íbamos a compartir testimonio, al igual que los hombres. Para esa ocasión debíamos disponernos a llevar invitadas. Las más constantes nos dividimos en tres grupos y nos turnábamos para que, cada mes, un grupo diferente preparara una comida. Mi casa tenía un solo ambiente para antesala, sala y comedor, así que los últimos jueves de mes sacábamos los muebles al patio y poníamos sillas, tipo auditorio. Los primeros testimonios los envió Martha de Vásquez desde Tegucigalpa, también nos ayudó a preparar los primeros testimonios locales. Llegamos a tener hasta 120 mujeres en una reunión.

Un pequeño grupo se dispuso a buscar un restaurante y se comprometieron a aportar cierta cantidad semanal para hacer frente al costo de los alimentos de las invitadas. Así que las reuniones se trasladaron a un restaurante. La metodología era que las que llegaban por primera vez eran invitadas y el resto pagaba su consumo. Comenzábamos la reunión cantando unas alabanzas, después se daba la bienvenida a las que llegaban por primera vez, se compartía la visión del ministerio, orábamos por la presencia del Espíritu Santo y luego hacíamos otra oración por los alimentos. Hasta entonces venía el testimonio con la invitación a aceptar a Jesús. Repartíamos unos sobres con una hojita para escribir nuestras peticiones, se recogían y se oraba por ellas. Con esto dábamos por terminada la reunión. Si alguna quería oración personal podía quedarse. Era la misma agenda que usaban los hombres.

Estas reuniones se extendían mucho. Los esposos me reclamaban por lo tarde que terminábamos. También notaba que las personas que asistían por primera vez, cuando por fin llegaba el testimonio, estaban cansadas y casi no le prestaban atención. Otra cosa era que pasaban mucho tiempo de pie, durante las alabanzas y las oraciones. Decidí analizar la reunión y dejar sólo lo más importante. Para ese tiempo, Humberto tomó la decisión de quitar las alabanzas en todas las reuniones a nivel nacional porque el propósito era invitar a personas que no conocían a Jesús. En ese entonces, en Nicaragua había muchas personas que se consideraban ateas. Al llegar a una reunión y escuchar alabanzas, se molestaban y se iban. Como las reuniones eran especialmente para los que llegaban por primera vez, no queríamos incomodarlos. El testimonio, respaldado por el Espíritu Santo, hacía el trabajo de presentarle a Jesús. Las alabanzas quedaron sólo para los seminarios, donde se suponía que no llegaban invitados.

Así fue que nuestra reunión se resumió en bienvenida a las que llegaban por primera vez, una explicación sobre el motivo de la reunión, testimonio, oración por las peticiones y oración personal a quien lo deseara. Otro día de la semana nos reuníamos para orar y planificar la reunión siguiente. También analizábamos la reunión anterior, si había algo que corregir o mejorar. Asignábamos las funciones para la siguiente reunión, es decir, a la maestra de ceremonia, la que iba a decir la visión, el testimonio y la oración por las peticiones. También aprovechábamos para escuchar testimonios nuevos y ministrarnos entre nosotras mismas, especialmente si alguna estaba pasando por alguna situación.

El primer capítulo se dividió en dos, porque unas vivían en el otro extremo de la ciudad y les quedaba lejos la reunión. Luego se formó un tercero y un cuarto. Después vinieron los viajes a los departamentos, cuando los varones nos pedían abrir capítulos de mujeres porque querían que sus esposas tuvieran un grupo al que asistir. Capacitábamos a las esposas de los líderes y las apoyábamos en los primeros meses, después continuaban solas. El primer departamento fue León, después ellas viajaron a Chinandega para comenzar reuniones en El Viejo, después vino Somotillo. Una vez que se establecía un capítulo en un departamento, ese capítulo se encargaba de apoyar a los que se abrían en su zona.

Recuerdo especialmente Nagarote. Queda relativamente cerca de Managua y las damas de allí querían aprender más. Así que nos dispusimos a ir a Nagarote también los sábados, unas veces orábamos y ayunábamos y otras veces les dábamos enseñanzas de lo que íbamos aprendiendo.

Después vino Matagalpa, adonde también íbamos los sábados a impartir seminarios. Siguieron Granada, Estelí, Camoapa, Boaco...

A medida que las reuniones se multiplicaban, los testimonios viajaban de un punto a otro del país. Así llegamos a tener 430 capítulos de mujeres en todo el territorio nacional.

Las jóvenes que asistían a nuestras reuniones nos pidieron tener sus propias reuniones, dirigidas por jóvenes. Comenzamos con una idea importada de que, por ser jóvenes, había que arrancar con alguna dinámica para romper el hielo. La mayoría de los jóvenes que llegaban a los capítulos, como llamábamos los grupos, llegaban por primera vez. Si tenían conocimiento de Dios, era muy superficial. Los grupos de jóvenes empezaron siendo mixtos, pero como estaban más pendientes del sexo opuesto que de la reunión, decidimos separarlos en hombres y mujeres. Después de la dinámica, empezaba la reunión en sí y se compartía el testimonio, que es nuestra herramienta. Esta práctica tampoco nos dio buen resultado, por lo que Humberto decidió que todos los capítulos, tanto de hombres, como de mujeres o jóvenes, debían tener el mismo formato, con el énfasis en el testimonio. Llegamos a tener capítulos de pre-adolescentes que funcionaban con el mismo formato de reunión.

El hecho de que hubiera capítulos de damas adultas y jóvenes no excluía que nos mezcláramos. Las adultas podíamos llegar a los capítulos de las más jóvenes y viceversa. La diferencia era quién estaban a cargo de llevar a cabo la reunión, jóvenes o adultas.

Preparación del Testimonio

Antes de que alguien comparta su testimonio en una reunión, lo preparamos. Lo primero es que la persona pueda identificar y enumerar lo que Jesús ha hecho en su vida, yo pedía que lo hiciera por escrito. Puede ser una sanidad interior, una liberación de vicios, una restauración matrimonial, prosperidad económica, sanidad física o varias cosas. Lo común es que mientras más tiempo tenemos, más cosas surgen para enumerar. En este caso, a la hora de compartir, debemos confiar en que Dios nos dirija a hablar sobre aquellas áreas que van a ser de bendición para las personas que nos escuchan.

Luego vemos el antes y el después de los puntos identificados. Describimos la situación anterior, cómo estaba nuestra vida, qué pensábamos, qué sentíamos, qué esperábamos. Después contamos cómo intervino Jesús, ya que debe haber pasado algo para que interviniera hasta ese momento y no antes. Por último, contamos cómo está ahora nuestra vida, cómo cambiaron nuestros sentimientos o nuestros pensamientos. Eso se hace con cada una de las cosas antes enumeradas. Yo solía decir: capítulo abierto, capítulo cerrado.

Una vez identificado lo que vamos a compartir, lo organizamos cronológicamente. Contamos nuestra vida a grandes rasgos, puntualizando las áreas que fueron transformadas. No olvidemos que Jesús nos da cosas intangibles como salvación, paz, seguridad. No las menospreciemos a la hora de compartir.

No todos los testimonios tienen cambios impresionantes. El hijo único de una amiga era discapacitado. Ella vivía amargada, por lo que le amargaba la vida a los que estaban a su alrededor. Cuando encontró a Jesús, su manera de ver las cosas cambió y la amargura desapareció. Su hijo seguía siendo igual, pero ella había cambiado.

En mi caso, tenía miedo de morir porque no estaba segura de qué iba a pasar conmigo cuando enfrentara el juicio. Eso hacía que tuviera miedo de todo lo que representara peligro o posibilidad de muerte. Vivía llena de temores, hasta que entendí que Jesús ya pagó por todos mis pecados y ganó para mí la vida eterna. Ahora sé lo que me espera cuando muera y ya no tengo miedo a la muerte.

La Trascendencia de mi Servicio a Dios

Cuando empezamos a compartir testimonio en nuestras reuniones, se hizo necesario preparar estos testimonios. Fue entonces que me di cuenta del impacto que Dios estaba teniendo en la vida de todas las mujeres. Yo me preguntaba qué era lo que las hacía regresar cada semana. Dios estaba transformando sus vidas. Unas llegaron con matrimonios destrozados, con mucho rencor, sin esperanza. Otras habían incluso intentado suicidarse, sentían que su vida no tenía sentido, nadie las amaba. A otras Dios las había liberado de adicciones, no sólo de alcohol, cigarrillo o drogas, también de pastillas para dormir y pastillas para la ansiedad.

Cuando Dios me involucró, yo no sabía a lo que me metía. Permanecí por obediencia, porque al principio no entendía nada, todo era nuevo para mí. Pero ahora me estaba dando cuenta del impacto que Dios estaba teniendo en la vida de las personas. No sólo en los individuos, sino que familias enteras estaban siendo impactadas.

Humberto nos empezó a hablar de la vida eterna. Ese tema era permanente en mi casa. Todo era en función de la vida que nos estaba esperando después de la muerte. Él quería que nuestro énfasis estuviera en la vida eterna y que lo material no tuviera tanta importancia para nosotros, total, es algo pasajero.

Esta idea fue penetrando poco a poco en mi mente. Así me di cuenta que el impacto de lo que Dios estaba haciendo en todas esas mujeres no era solamente para esta vida, sino que estábamos llevando miles de personas al cielo. Todo eso revolucionó mi manera de pensar y de sentir. Me enamoré del ministerio y del trabajo que Dios me había asignado. Consideraba un privilegio el haber sido escogida y poder servir a Dios. ¡Qué maravilloso trabajar de la mano de Dios para la restauración y salvación de miles de personas, incluso millones! Pude decirle a Dios «aquí estoy, para lo que Usted quiera y donde Usted quiera». Pude emular a mi esposo en entusiasmo y entrega.

Milagros y Liberaciones

Conforme fue pasando el tiempo, pude ver de primera mano cosas de las que antes hablaba porque las había oído. Las personas que llegaban por primera vez a una reunión regresaban a la semana siguiente y nos compartían que Dios había contestado las peticiones escritas en la hojita. Escuché de sanidades, de oportunidades de trabajo, de perdón y reconciliación, de paz. Muchísimas personas contaban que al salir de la reunión veían las cosas diferentes. El cielo tenía un color diferente, su hogar era diferente y ellas mismas no eran las mismas. Teníamos un dicho: al salir por esa puerta no vas a salir igual. Y así sucedía. Eran diferentes porque ahora Jesús estaba en sus vidas y muchísimas veces el cambio era palpable.

Me impactó cuando llegó una persona por primera vez a una reunión y al presentarse dijo: «Nadie me invitó, yo vine porque necesito un milagro y aquí suceden milagros». Esa era la norma. Cada semana escuchábamos de las respuestas de Dios a las peticiones que se le hacían. Eran de toda índole, en lo económico, en la familia, la salud, sanidad interior. Cosas pequeñas y grandes. En una ocasión llegó una persona originaria de Rusia que ahora vivía en Nicaragua, casada con un nicaragüense. Dice que escribió sus peticiones en ruso, para que no las leyéramos y nosotras mismas contestáramos su petición. A la semana siguiente regresó impactada contándonos que Dios leía ruso y que había respondido a sus peticiones.

En lo personal, vi muchos milagros en los capítulos. Recuerdo orar por el papá de una dama que estaba hospitalizado porque era diabético y le iban a amputar la pierna. Oramos por él y al día siguiente salió del hospital con su pierna sana. Oré por otra persona a la que iban a operar por piedras en la vesícula y no la operaron porque las piedras desaparecieron. En otra ocasión me dispuse a orar por una dama, le pregunté por qué quería que orara, pero no me respondió, no podía hablar, sólo llorar. Así que la abracé y la puse en manos de Dios. Mi sorpresa fue cuando en una reunión se puso en pie y compartió que cuando llegó por primera vez ya no quería vivir, se quería suicidar. Me señaló y dijo que yo la había abrazado y en ese abrazo había recibido ganas de vivir nuevamente. Ahora era servidora activa de ese capítulo.

En nuestros seminarios se daba palabra de profecía o de ciencia, muchos vientres fueron fertilizados y muchas mujeres pudieron concebir, también escuchamos de sanidades de cáncer, de riñones, de presión alta, de diabetes, etc. Uno de los temas de nuestros seminarios era el perdón, ya que es un problema muy común para nosotras las mujeres. Dios se movía poniendo perdón en los corazones. Nos contaban que muchas mujeres regresaban a sus casas perdonando y pidiendo perdón.

También empezamos a ver manifestaciones demoníacas. Cuando en los seminarios se ministraba el Espíritu Santo, era común escuchar gritos, ver personas retorciéndose en el suelo, otras salían a vomitar a los baños. Era un mundo totalmente desconocido para mí. He visto que la presencia del mal sólo se manifiesta cuando la presencia de Dios es muy fuerte y que la unción rompe el yugo, o sea que esa fuerte presencia de Dios traía liberación. Algo que me llamó la atención es que las mayores manifestaciones eran por falta de perdón. Vi personas que se deformaban y la causa era que tenían grandes resentimientos, hasta odio. Les costaba decir "perdono", pero cuando lo hacían, eran liberadas por el poder del Espíritu Santo.

El Amor y la Misericordia de Dios

Tuvimos un seminario en un departamento del país donde la brujería es muy activa. Al ministrar el Espíritu Santo vimos varias manifestaciones. Después oramos una a una por todas las damas presentes en la reunión. Estábamos dos personas impartiendo el seminario, y es común que todas las asistentes pasen a pedir oración con una y con la otra. Cuando por fin habíamos terminado, entró una joven al salón. Me preguntó si podía orar por ella. Yo la quedé viendo, su pelo y su vestimenta eran varoniles. Tenía tatuajes en los brazos. Pensé que era otro caso de liberación y que ya estábamos cansadas. Ella me preguntó nuevamente y me dijo que si era necesario haber participado en el seminario para que orara por ella. Allí tenía la excusa perfecta para decirle que no podía orar, cuando Dios me dijo que por qué me iba a oponer a Su amor y Su misericordia. Así que me dispuse a orar por ella.

Le dije: «Repetí después de mí: Señor Jesús, le pido perdón por todos mis pecados. Hoy le entrego mi vida para que de ahora en adelante Usted la dirija. Amén.»

Después oré por ella: «Señor, obra en ella conforme a Tu amor y Tu misericordia. Amén.» Salimos rápido del salón antes de que apareciera más gente.

Después me contaron que ella había tenido un cambio significativo. Hasta su forma de vestir había cambiado. El amor y la misericordia de Dios habían hecho la diferencia en su vida.

Equipos de Fuego

En enero de 1999 fuimos convocados por la Oficina Internacional a una reunión en Miami. Estábamos invitados los presidentes de las naciones de América Latina, sus esposas y los directivos nacionales. Nuestro Presidente Internacional, el Dr. Richard Shakarian, compartió sobre lo que Dios le había estado hablando.

Nos dijo que teníamos que subir a un nuevo nivel. Su padre, el fundador de la organización, había visto en una visión a millones de personas transformadas por el poder del Espíritu Santo, y no estábamos llegando a los millones. Debíamos de salir a las calles a buscar a la gente. Tenía un nombre para esa fuerza de tarea, *Firefoxes*, en español lo tradujimos como Equipos de Fuego. El nombre lo tomó de la historia de Sansón en Jueces 15. Sansón cazó trescientas zorras, las juntó cola con cola y puso una tea entre cada dos colas. Después, encendiendo las teas, soltó las zorras en los sembrados de los filisteos. De ese modo quemó el trigo que estaba amontonado y el que todavía estaba en pie, y hasta los viñedos y los olivares.

Así debíamos ir nosotros, de dos en dos, llevando el fuego del Espíritu Santo y prendiendo fuego a todo el lugar. Originalmente planteó que todos los miembros de la organización fuéramos a un país determinado para llevar el fuego y tomarnos el país para Jesucristo. Una vez ganado ese país, iríamos a otro y a otro hasta recorrer la tierra. En oración se escogió la nación que habría de iniciar: Nicaragua. Se determinó la fecha: la primera semana de mayo.

Regresamos a Nicaragua con la tarea de organizar algo hasta entonces desconocido. Para ese tiempo había en el país un total de 54 capítulos y ya estábamos en algunos departamentos. Se estimó la llegada de unas 5.000 personas de todo el mundo. Pensábamos en los hoteles, el transporte y la alimentación para esa cantidad de personas. En el país no había suficientes hoteles, ni contábamos con tantos vehículos. Solamente suplir botellas de agua purificada para tanta gente era una labor gigantesca. La tarea sobrepasaba nuestras capacidades. La solución fue orar para pedir la ayuda de Dios. Cuando llegamos al final de nuestras fuerzas, es cuando Dios hace su entrada.

Después de mucha oración pidiendo la dirección del Espíritu Santo, Dios fue revelando la estrategia. Humberto tuvo una visión. Veía una reunión de capítulo y de pronto las paredes se abatían, como si tuvieran bisagras, y las personas salían a la calle. Cuando regresaban, las paredes volvían a levantarse. La interpretación fue que íbamos a hacer lo mismo que en los capítulos: compartir testimonio. En otras palabras, había que sacar los capítulos a las calles.

Se animó a cada fraterno para que buscara entre sus amigos o conocidos quiénes trabajaban en escuelas, negocios u oficinas para pedirles permiso de compartir en media hora una historia de cambio de vida. El contacto era de amigo a amigo. No éramos una iglesia, tampoco pertenecíamos a una denominación específica. Éramos un grupo de personas que habíamos experimentado el poder transformador de Dios en nuestras vidas. El fenómeno de FIHNEC ya era noticia en los periódicos. Así que se abrieron muchas puertas. Cada reunión agendada era cuidadosamente registrada con el nombre del lugar, dirección, nombre del contacto, día y hora.

En una de esas reuniones para buscar la dirección del Espíritu Santo, se nos dio una palabra profética: "Lo que ahora comienza en Nicaragua recorrerá el mundo y terminará en Israel, y esta vez mi pueblo sí me recibirá". Así que lo que comenzó en Nicaragua todavía debe recorrer el mundo. Se ha ido a algunos países, pero muy pocos. El mundo está esperando y el tiempo se está agotando.

A finales de abril de ese año 1999 se desató una huelga del sindicato de transportistas, se les unieron los albañiles y constructores y después los maestros. El país estaba paralizado. El aeropuerto se cerró. Había quemas de llantas en las calles. Decían que el propósito era derrocar al gobierno. ¡Justo cuando íbamos a comenzar el trabajo! Lo vimos como algo espiritual y nos pusimos a orar.

El lunes 3 de mayo, fecha prevista para iniciar los Equipos de Fuego, la huelga entraba en su quinto día y no pudimos hacer nada, sólo seguir orando. Esa noche, milagrosamente, se llegó a un acuerdo y la huelga terminó. Hasta hoy, nadie se explica cómo terminó la huelga. Sabemos que fue únicamente por el poder de Dios.

Trabajamos de martes a viernes. Se logró compartir testimonio a 98.000 personas. Aprendimos sobre la marcha cómo trabajar. Debo decir que Dios estaba en control de todo, no vinieron los 5.000 fraternos, a lo sumo vinieron 200.

Desde entonces, cada año hemos ido a una región de Nicaragua por 8-10 días a compartir testimonio con quien nos quiera escuchar. Los fraternos que se disponen, piden sus vacaciones en las fechas señaladas. También hacemos alcances más pequeños, por un fin de semana en una ciudad determinada.

Las mujeres también participábamos en los Equipos de Fuego. Unas compartían testimonio en pareja con sus esposos, otras, se hacían cargo de la cocina, la limpieza, trabajaban en las estadísticas o en intercesión. Teníamos un dicho: todos podemos participar, unos presencialmente, otros con un aporte económico y todos en oración. Los costos eran altos. Se alquilaban locales amplios para ser usados como puestos de mando, el lugar donde nos reuníamos para recibir instrucciones sobre los eventos a realizar y adonde se regresaba para rendir el informe. También alquilábamos locales para dormitorios, para cocina. Se preparaban miles de platos de comida. Si llegaban 3.000 obreros, se proveían 3.000 x 3 x 10 = 90.000 platos de comida. Los fraternos se proveían su propio transporte y cientos de vehículos eran movilizados a la zona. Para los que llegaban de otras naciones se alquilaban microbuses. Todos los gastos eran cubiertos por los nacionales. Yo creo firmemente que los Equipos de Fuego eran la mejor tierra para sembrar, porque la cosecha era de almas.

Para conocer el alcance de los Equipos de Fuego, en el 2014 nuestro Presidente Internacional, el Dr. Richard Shakarian, nos pidió un reporte de las almas alcanzadas durante ese año. He aquí el reporte de almas alcanzadas por los Equipos de Fuego en Nicaragua:

Alcance de 10 días de Equipos de Fuego en Jinotega y Matagalpa: 562.086

Alcance en escuelas y universidades de Managua: 92.289

Alcance de una semana en el Mercado Oriental (el mercado más grande de Centroamérica, ubicado en Managua): 152.443

Alcances de fin de semana
Carazo: 39.672
Madriz: 3.500
Nueva Segovia: 8.280
Estelí: 17.988
Matagalpa: 11.429
Jinotega: 34.368
RAAN: 24.303
León: 14.427
Managua: 81.037

Gran Total: 1.041.822 almas alcanzadas en un año con la estrategia de Equipos de Fuego en el año 2014. Ese no fue un año extraordinario, simplemente me pidieron las cifras y me puse a recolectar los datos.

Los milagros más impresionantes los hemos visto con los equipos de fuego: paralíticos que caminan, ciegos que ven, sordos que oyen. Personas liberadas de vicios. Matrimonios restaurados. Enfermos terminales se levantan de sus camas. En un territorio donde sufrían años de sequía, se oró por lluvia y llovió. Un pozo seco se llenó de agua. También hay personas que se reconcilian con Dios después de años de alejamiento.

Escuché una anécdota sobre un borracho que llegó a curiosear a un puesto de mando. Las personas que estaban allí le compartieron testimonio y oraron por él, para que fuera libre de alcoholismo. El hombre regresó al día siguiente, sobrio, con deseos de apoyar en lo que pudiera. En esa región había escasez de agua y, las casualidades de Dios, el ex-borracho tenía una gran cisterna llena de agua en su casa, que quedaba contiguo al puesto de mando. La puso a la orden, supliendo así esa necesidad básica. También sirvió de baqueano, porque conocía muy bien el lugar.

Todos nos conmovimos en el cierre de los eventos en León cuando llegó una niña que nunca había caminado. Unos integrantes de los Equipos de Fuego llegaron a su casa, oraron por ella y la niña caminó. Llegó al cierre con sus padres, a dar testimonio del milagro. La niña no paraba de caminar sobre la tarima y se veía que estaba todavía tambaleante y aprendiendo a dar sus primeros pasos.

El último año en que participamos fue 2019, el año en que Dios nos sorprendió al llegar a 1.200.582 personas alcanzadas por medio de testimonios.

Esta estrategia fue tan efectiva que en 2011 Humberto fue nombrado Vice Presidente Regional para el Alcance Mundial. Su trabajo era animar a las naciones a que se enfocaran en buscar las almas para la extensión del Reino y enseñarles sobre la estrategia de los Equipos de Fuego. Así fue que viajó a todos los continentes.

Años de Crecimiento

Después de los primeros Equipos de Fuego los capítulos empezaron a multiplicarse, con un crecimiento explosivo, hasta llegar en 2019 a 1.300 entre hombres y mujeres.

Si debo de explicar el fenómeno diría que, por un lado, quien participa en un Equipo de Fuego recibe un fuego especial, pierde el temor de compartir su testimonio con cualquier persona adondequiera que sea, un bus, un taxi, un supermercado, un banco, etc. Por otro lado, las personas que escuchan los testimonios, quieren más y piden la apertura de un capítulo en su zona. Así nos extendimos a todo el territorio nacional. Primero se abría un capítulo de hombres y las mujeres íbamos detrás, creciendo también en número de capítulos y en miembros.

Para los seminarios contratábamos un local con cierta capacidad. Al poco tiempo esa capacidad era rebasada y teníamos que buscar otro. Al final, era difícil encontrar un local lo suficientemente grande. El primer local rentado era para 50 personas, después fue de 100, de 500, de 1.000 y de 1.500. Ese último local, con capacidad de 1.500 personas era del gobierno y dejaron de rentarlo. Al mismo tiempo, pusieron en venta el local donde se hacían los seminarios de los hombres, por lo que se decidió comprarlo para tener nuestro propio centro de capacitación.

En diciembre de 2003 se adquirió el centro en el municipio de El Crucero, departamento de Managua. Dimos una prima y el resto se amortizaría con pagos trimestrales. Todos nos comprometimos a aportar mensualmente para pagarlo. Me conmovía ver compromisos desde un dólar mensuales. Gente que quería aportar, aunque fueran dos moneditas como la viuda. Así se pudo cancelar el centro, después se demolió el auditorio para construir otro más grande, también se compró el terreno adyacente y se construyeron edificios para dormitorios.

Los seminarios de varones eran por tres días, de viernes a domingo. Los de damas siguieron siendo de un día, los sábados. La comida se preparaba en el mismo centro de capacitación.

Llegamos a tener un poco más de 3.500 mujeres en un seminario. Tal a como Dios lo había profetizado en nuestros inicios, llegaban miles de mujeres del norte, del sur, del este y del oeste. Algunas viajaban hasta doce horas para llegar. Acostumbraban salir el día antes y dormían en el Centro de Capacitación para participar al día siguiente en el seminario. Las charlas las seguimos impartiendo nosotras mismas. El mover del Espíritu Santo era impresionante.

Las mujeres recibían un toque de Dios. Sus corazones y sus cuerpos eran sanados. Muchísimos testimonios incluyen sus experiencias en los seminarios. Durante la alabanza y adoración bajaba la presencia de Dios.

La logística para un seminario era cosa seria. Desde la compra de los alimentos que se debían preparar para alimentar a 3.500 mujeres hasta almacenar suficiente agua en las cisternas para abastecer los servicios higiénicos. A nosotras nos tocaba repartir los alimentos. Para eso, el salón se dividía en cuatro secciones y se preparaban cuatro grupos, un grupo se encargaba de cada sección. Para cada grupo se montaba un buffet y se reclutaban cuarenta mujeres para repartir los platos, otras seis personas para dirigir la entrega, otras para servir los platos en el buffet y una jefa de grupo. Además había una coordinadora general. Las personas que nos visitaban se maravillaban de la rapidez y eficiencia del servicio. En una hora servíamos el almuerzo. La verdad es que no empezamos de un día para otro, sino que, a medida que fuimos creciendo en número, fuimos mejorando la logística y aumentando la cantidad de servidoras.

El Dios que Provee

Cuando nos mudamos de Honduras a Nicaragua, los negocios quedaron en Honduras. Humberto se dedicó a servirle a Dios a tiempo completo, sin salario. Sinceramente creo que, además de la presencia del Espíritu Santo, fue la clave para que la obra creciera de la forma en que lo hizo. De nada a 1.300 capítulos y millones de personas ganadas para Jesucristo. Cuando vinimos el país estaba muy polarizado, sandinistas y no sandinistas. El ateísmo estaba muy difundido. Hubo una encuesta en los años 90 que contabilizaba un 40% de ateos en el país. Hace poco, esa misma encuesta redujo el porcentaje de ateos a menos del 5%. En los capítulos y los seminarios se dieron muchos episodios en que enemigos a muerte se perdonaban y abrazaban. El ministerio cobijaba en su seno a personas de todas las denominaciones cristianas y de todos los partidos políticos.

Estaba prohibido hablar mal en los testimonios de otras personas, denominaciones religiosas o partidos políticos. Estábamos para unir y no para desunir.

Cuando cerré mi pequeño negocio empezamos a experimentar serias dificultades económicas. No había dinero ni para la comida. Como mis padres no veían con buenos ojos que Humberto se dedicara a servir a Dios a tiempo completo, no nos ayudaban económicamente. Hoy lo veo como parte del plan de Dios para mi vida, ya que sólo así pude ver Su mano poderosa supliendo nuestras necesidades. Era necesario que pasara por esas necesidades para conocerlo y aprender a creer y depender de Él.

Recuerdo un día que, al abrir la refrigeradora, no había absolutamente nada para comer. Ya eran cinco los hijos que teníamos. Mi esposo me repetía constantemente que no me preocupara por lo que habría de comer, que Dios suplía. Por supuesto, yo no le creía, asumía que era su manera de eludir su responsabilidad. ¡Claro, decía yo, él no se preocupa porque sabe que yo me preocupo y busco la manera de resolver! Pero Dios me arrinconó y ese día no tuve otra opción que encerrarme en mi cuarto a orar.

«Señor, mi marido dice que tu Palabra dice que no me preocupe. Son cinco hijos los que tengo que alimentar. Por favor, suple nuestra necesidad.»

Para mi sorpresa, tocaron la puerta de mi casa y aparecieron bolsas de comida. La comida nunca faltó. Llegó de mil maneras diferentes. Nos invitaban a comer, llegaban bolsas de alimentos, me llevaban al supermercado a hacer compras y pagaban por ellas o nos proveían dinero.

Así se pagó la escuela y la universidad de mis cinco hijos. Dios también proveía ropa, medicinas, libros. Hasta pequeños caprichos.

Cuando había invitaciones para ir fuera de Nicaragua también recibimos boletos de regalo. En una ocasión estaban anunciando una Convención Mundial de FIHNEC en Anaheim, California. Uno de mis hijos, que tenía como cinco años, empezó a orar para que Dios nos proveyera todo para ir a la Convención. Oró todas las noches por varios meses. Antes de la Convención, alguien llamó y nos regaló los boletos, otro nos dijo que ponía el hotel, otro las entradas a la Convención, ¡y hasta las entradas a Disney!

Aprendí mi lección. Estoy más que segura de que Dios provee. Ya no tengo temor al futuro. No me importa si hay recesión mundial, si hay pandemia, o si la economía cae. Yo siempre digo que en el cielo no hay crisis y que mi Papá es el dueño del oro y de la plata.

Según las enseñanzas del mundo soy un mal ejemplo porque nunca he tenido un presupuesto. Durante mucho tiempo no tuve crédito, ni tarjetas de crédito. Todo era de contado, por eso, si había dinero compraba y, si no había, oraba y esperaba. Hoy tenemos una tarjeta de crédito. Antes de usarla, oramos para que Dios honrara siempre las deudas que pudiéramos adquirir con la tarjeta. Hasta hoy, hemos pagado el saldo de contado todos los meses. Dios ha suplido siempre para cancelarla de contado.

Llegó el día en que mis padres empezaron a heredarnos a todos los hermanos. Hubo un fuerte alivio económico. Pudimos comprar nuestra casa de contado, una casa que Dios me había prometido veinte años antes y que me había descrito a través de varias personas. Para una Navidad, mi mamá me regaló un vehículo pequeño, cero millas, que también había sido profetizado quince años atrás. ¿Por qué duró tanto la prueba? Tal vez Dios quería que no se me olvidara nunca de quién dependo. O tal vez yo era dura para aprender. Lo cierto es que la lección fue bien aprendida.

TÚ Y TU FAMILIA

"—Cree en el Señor Jesús; así tú y tu familia serán salvos —le contestaron." (Hechos 16:31 NVI)

Muchas veces nos tocó viajar dentro y fuera del país y dejar a nuestros hijos. Mis hijos mayores obedecían las reglas de su papá y llegaban temprano a casa. Pero uno de los menores decidió vivir su vida a su manera. Empezó a dejar de llegar a dormir a la casa sin que yo supiera dónde estaba, con quién andaba o lo que estaba haciendo. Se me perdía semanas enteras. Para ese entonces, yo había aprendido a confiar en Dios, así que cuando era cierta hora y no había llegado, me ponía a orar por él, para que los ángeles de Dios lo protegieran dondequiera que estuviera y lo llevaran de regreso a casa, sano y salvo.

Debo decir que ese hijo es el que más promesas ha recibido de parte de Dios. Creo que Satanás estaba peleando por él. En varias ocasiones atentó contra su propia vida. Recuerdo una noche, estaba sola en la casa escuchando la grabación de un seminario cuando me llamó uno de sus amigos para que fuera al hospital. Mi hijo estaba en emergencia, había tomado un veneno y no habían podido hacerle un lavado estomacal. Cuando llegué al hospital, el doctor me dijo que la situación era grave porque había convulsionado. Preocupada por su vida eterna, le dije que le pidiera perdón a Dios, pero me contestó que no, porque no estaba arrepentido. Como tenía que quedarse durmiendo en el hospital, el amigo se ofreció a acompañarlo, así que regresé a casa.

Allí empecé a hablar con Dios. «Señor, tu Palabra dice que, si creo en Jesús, yo y mi familia seremos salvos. Si ahora me falla tu palabra, ¿qué me queda? ¿Cuál será mi fundamento?» Me sentía impotente. Dios me contestó que Él era omnipotente. Como no podía dormir, decidí seguir escuchando la grabación. Era yo hablando sobre mi hijo y decía: «Yo declaro que todas las promesas de Dios para la vida de mi hijo se van a cumplir.»

Al día siguiente salió del hospital. Pero hubo una segunda ocasión y una tercera. Me decía que lo iba a seguir intentando hasta que lo lograra. Les confieso que me sentí cansada. Me levantaba a media noche para verlo, oraba constantemente. Un día en que por fin pidió perdón, le dije a Dios: «No permitas que muera por su propia mano, mejor te le adelantas y te lo llevas. Este es buen momento.» No me importaba que estuviera joven, que no hubiera terminado una carrera universitaria o que no se hubiera casado. Yo había perdido toda esperanza, ya sólo me preocupaba por su salvación. Un profeta me habló y me dijo que no me diera por vencida, que siguiera declarando y reclamando todas las promesas de Dios para su vida, que todavía no era el momento para que él abandonara esta tierra. Eso fue en el año 2010.

Dios no es hombre para mentir, lo que promete lo cumple. Pude ver la restauración de mi hijo. Dios trató directamente con él, Dios sabe dónde apretar. Hoy puedo ver que las promesas se cumplen en la vida de mi hijo. Se ha convertido en un hombre de Dios, conocedor de la Palabra, con revelación y sabiduría de lo alto. También terminó su carrera universitaria. Una vez escuché su testimonio y me di cuenta de la protección de Dios sobre su vida. Cuántas veces lo libró de peligros y aún de la muerte. Los ángeles asignados a su servicio cumplieron bien su trabajo.

Hoy puedo decir que toda mi familia está en el camino de Dios. Mis hijos aprendieron con el ejemplo y con lo que vivimos como familia, porque vieron muchas veces la mano poderosa de Dios. Todos confían en Dios. Mis nietos mayores también están siendo educados en el camino del Señor. Digo los mayores, porque de las dos menores, una nieta tiene meses de nacida y la otra viene en camino. Se ha cumplido la promesa de creer en el Señor Jesús así tú y tu familia serán salvos.

El Mundo se Abre

Humberto recibió una profecía de que preparara maletas, porque iba a viajar mucho. Incluso iba a venir a cambiar maletas para volver a salir.

Después de los primeros Equipos de Fuego hubo muchas invitaciones fuera del país para compartir la experiencia de Nicaragua. En estos veinte años viajó por todo el mundo, compartiendo sobre el amor de Dios. Visitó casi toda América, también Europa, Asia, África e Indonesia. Viajó por aire, mar y tierra. En Rusia viajó muchas horas por tren. El viaje desde Nicaragua a África tomaba hasta 36 horas y no llegaba a descansar, casi inmediatamente tenía que empezar a compartir. ¿Cuál era su motivación? Su pasión por Jesús.

El fundador de FIHNEC, Demos Shakarian, escribió en su libro *La Dimensión Final* que los hombres del mundo, cuando tienen un objeto, ya sea un producto o servicio que los apasione, llegan a endiosarlo. Creen en su objeto y trabajan incansablemente por él todo el tiempo necesario. No escatiman esfuerzo ni dinero con tal de que el mundo conozca y acepte su objeto. De esta forma, muchos han logrado producir fortunas. Los que han logrado alcanzar grandes éxitos han sido apasionados por su objeto. Han sacrificado todo y le han dedicado su vida.

¿Hay algún producto o servicio comparable a Jesús? Nosotros tenemos lo mejor para ofrecer al mundo, y un mercado de billones esperando oír hablar de Jesús. Entonces, ¿por qué los cristianos no hacemos un buen trabajo?

Debemos apasionarnos por Jesús. Estar dispuestos a sacrificar nuestros sentimientos o ambiciones personales por la causa de Cristo. Estar dispuestos a sufrir por Él si fuera necesario, nos exhortaba Demos.

Desde sus inicios, Humberto decidió que Dios fuera su único objeto de adoración. Vive para hablar del amor de Dios, la salvación y la vida eterna. Su pasión es hablar de Dios. Es lo que ha hecho por muchos años. También ha podido contagiar a otros con su pasión por Jesucristo, tanto dentro como fuera del país.

Su enseñanza es sencilla: Fue por amor que Dios envió a su hijo a morir por nosotros para darnos vida eterna. Lo más importante y preciado que podemos adquirir en esta vida es la salvación, y es gratis. Lo que cuesta es llevarla. Una vez que entramos al Reino de la Luz, debemos conocer sus leyes. La primera es amar a Dios por sobre todas las cosas. La segunda, amar a nuestro prójimo como a nosotros mismos. ¿Cómo se manifiesta ese amor? Compartiendo lo más precioso que tenemos: la salvación. Debemos ser pescadores 24/7, los siete días de la semana y las veinticuatro horas del día.

Yo también viajé fuera del país. El primer país que visité fue Panamá. Me tocó ir a enseñar, así como enseñábamos a las damas de los diferentes departamentos de Nicaragua. Al principio fui con un poco de temor. No era lo mismo estar en casa que en otras naciones. Nos acogieron con mucho amor y entusiasmo. Panamá se volvió uno de mis destinos favoritos.

Como Panamá empezó de cero, igual que nosotros, los apoyamos con los testimonios, los varones iban quincenalmente y las damas mensualmente. También los apoyamos con seminarios, convenciones y Equipos de Fuego. Recuerdo que, durante unos Equipos de Fuego, me dijeron que al día siguiente iba a compartir a la cárcel de mujeres. Casi no dormí esa noche orando, preguntándole a Dios qué parte de mi testimonio era para ellas. Al día siguiente, me asignaron una compañera, así que le dije a ella que compartiera el testimonio y yo iba a hacer la oración final. A la hora de la oración, les pregunté a las mujeres allí reunidas por qué deseaban que orara, la respuesta fue unánime: libertad. Así que oré para que pudieran salir libres. En mi lógica me preguntaba cómo iban a salir libres, si eran inocentes o culpables, o qué delitos habrían cometido… Dios cortó mis pensamientos con una pregunta: «¿Cuál es la pena máxima?» «La muerte», contesté. «Yo ya morí por ellas, si me aceptaron en sus corazones, pueden salir libres.» Entonces le pedí a Dios que, si sus corazones estaban siendo tocados, me mostrara una lágrima en una de ellas. No vi una lágrima, sino muchas. Meses después, para un día de las madres, leí en un diario de mi país que había habido amnistía en la cárcel de mujeres de Panamá. Creo que Dios contestó la petición de esas mujeres. En Panamá Dios me tenía una sorpresa cuando me llevaron de compras, casi me vuelvo loca. No podía creer que había camisas de 1.99 dólares y pantalones de 2.99. Pude comprar ropa nueva para mis hijos después de tanto tiempo de vestirlos sólo con herencias, era increíble para mí.

Después vinieron otras naciones. Chile, Colombia, Ecuador, México, Paraguay... En Matehuala, México, vi el derramamiento del Espíritu Santo sobre el grupo de jóvenes. Conocí personas con pasión para servirle a Dios. Durante unos Equipos de Fuego, unos jóvenes nos compartieron que fueron a cenar a un restaurante donde el mesero era cojo. Le compartieron testimonio y, al aceptar a Jesús, fue sanado.

En Colombia los seminarios son de tres días. Nos daba tiempo de hacer un taller de testimonio, por lo que recuerdo testimonios tremendos. Viajé por muchos años y conocí familias muy queridas para mí. Han trabajado con la estrategia de los Equipos de Fuego, tanto en Colombia como en Nicaragua.

En Ecuador había desaparecido el ministerio, quedaba una o dos personas. Como había una reunión latinoamericana en Nicaragua, habían decidido que, si al viajar a Nicaragua no pasaba nada, cerraban definitivamente. Cuando mi esposo lo supo se ofreció a apoyarlos y empezaron a resurgir. Luego vinieron las damas y allí me tocó enseñarles. En Ecuador también trabajan con Equipos de Fuego y hemos viajado en las dos vías. Fueron muchos años y se formaron fuertes lazos de amistad.

Paraguay fue el último. La primera vez que fui a Paraguay se cumplió una profecía de que iba a viajar con todos los gastos pagados. Me invitaron con todo pagado. Las mujeres de Paraguay eran sensibles al Espíritu Santo y recibieron como esponjas. El Espíritu Santo se derramó sobre ellas. Fue una experiencia que Dios tenía planeada para mí. Los hemos visto crecer, desarrollarse y extenderse a muchas naciones a su alrededor, viajando muchas horas por tierra. El amor a las almas los mantiene en acción.

El viaje a Rusia me fue profetizado. Es una nación inmensa. Hemos viajado ocho horas en avión (a mí me tocó en avión y no en tren como a mi esposo) para llegar a otra región dentro del mismo país. Es increíble cómo viajan tantas horas para asistir a un seminario o a unos Equipos de Fuego. También se han extendido a las naciones vecinas y las apoyan con todo lo que pueden. Son bien unidos y mantienen el fuego del primer amor.

Estados Unidos también fue especial, fuimos muchas veces. Hemos visitado Florida, Alabama, California, Texas y Nueva York. En California tenemos amigos especiales. También fui a Europa: Hungría, Alemania, Austria. En todas estas naciones se pudo experimentar con los Equipos de Fuego y funcionaron. Las cifras tal vez no se equiparen con las de Nicaragua. La diferencia es que allí se trabajó uno a uno y aquí en Nicaragua agendamos reuniones con muchas personas a la vez.

También estuve en África. En África son muy expresivos en sus alabanzas y se mueven en los dones del Espíritu Santo. Cuando estaba allá le pregunté al Señor ¿qué puedo darles? Dios me respondió: «El don de la multiplicación.» Oro para que en todos los lugares a los que fuimos, la semilla sembrada produzca fruto abundante y se avive en ellos el don de la multiplicación.

Compartiendo a Jesús

Escuché una charla sobre la forma de evangelizar en China. Lo primero es averiguar cuál es el problema que aqueja a la persona. Después buscar en nuestro testimonio una situación similar y compartirla. Luego la invitamos a recibir a Jesús. Por último, la enviamos en el poder del Espíritu Santo.

Les confieso que los primeros tres pasos sí los he practicado, el último, muy pocas veces.

Cuando viajábamos a otras naciones, al subir al avión, un amigo que siempre viajaba con nosotros nos recordaba que debíamos compartir con nuestro compañero de asiento. Era muy difícil para mí establecer conversación con un desconocido. Por eso le pedía a Dios que me dirigiera.

Recuerdo una ocasión especial en que volaba de México a El Salvador. Le pedí a Dios que mi compañera de asiento me hablara primero. Me dijo que le gustaba mi pantalón. Así establecimos una conversación.

«¿Cuál es el motivo de tu viaje?»

«Andaba en una convención del producto que yo vendo, ¿y vos?»

«En una convención de FIHNEC adonde compartimos testimonios. ¿Te gustaría escuchar el mío?»

Le compartí testimonio, que tenía todo materialmente, pero no tenía esperanza ni sueños, todos los días eran iguales, hasta que conocí a Jesús. Después la invité a aceptar a Jesús. Me empezó a decir que antes del viaje había hablado con su mamá diciéndole que todas las áreas de su vida estaban bien, su matrimonio, sus hijos, su trabajo. Sólo en el área espiritual sentía que le faltaba algo.

«Imagínese, por mi trabajo en ventas tengo estatus en la línea aérea y por los últimos cinco años he viajado en primera clase. Hoy perdí mi vuelo y mi asiento. Me mandan a la parte de atrás del avión para sentarme al lado suyo y que me hable de Dios.»

«¿Te gustaría recibir al Espíritu Santo?»

Y allí recibió a Jesús y al Espíritu Santo. Quedó como flotando en el aire. Dios había respondido a la búsqueda espiritual que tenía.

Otros casos han sido diferentes.

«¿Tienes hijos?»

«No, no creo que sea el momento.»

«¿No es el momento o no has podido quedar embarazada?»

«No he podido quedar embarazada.»

«A mi hija le dijeron que era médicamente imposible que quedara embarazada. Le pedimos a Dios y le regaló dos hijos. ¿Te gustaría pedirle a Dios?»

Por supuesto que aceptó. La guie a poner su vida en las manos de Dios y a recibir a Jesús. Después pedí que Dios fertilizara su vientre. Por supuesto que no fue tan corta la plática. Hablamos de las fertilizaciones in vitro, del costo de ellas, de la decepción cuando no funcionan. Pero Dios no falla, Él es Dios de imposibles y donde la ciencia ya no puede, Dios puede.

Otra conversación fue sobre los hijos.

«¿Qué edad tiene tu hija?»

«Trece años»

«¡Dios mío, la edad de la rebeldía!»

«¿Su hija fue rebelde? ¿Cómo hizo?»

«Yo sentí que mi hija se había salido de control, me sentía fracasada como madre. Pero en unas reuniones oramos por ella y Dios la transformó.»

«¿Me puede invitar a esas reuniones?»

«No creo, pero podemos orar aquí en el avión.»

Entregó su vida a Jesús y también pedimos por la vida de su hija. También le aconsejé que levantara su autoestima ya que muchas veces esa rebeldía es para llamar nuestra atención.

En otra ocasión me tocó una señora mayor. No había podido abordarla y le pedía a Dios que me revelara por dónde empezar. Cuando íbamos a aterrizar, la señora se persignó.

«¿Le da miedo?»

«Sí»

«Yo era muy miedosa, le tenía miedo a la muerte, al peligro, casi a todo. Cuando puse mi vida en las manos de Dios, me sentí protegida, también perdonada y amada. ¿Le gustaría poner la suya en manos de Dios?»

Y le entregó su vida a Dios.

Durante una convención, al entrar a mi habitación del hotel encontré a la persona de limpieza. Me acordé de una anécdota de don Richard Shakarian y le pregunté:

«¿Alguien ha orado hoy por usted? Estamos en una convención hablando de Dios.»

«No, nadie ha orado por mí.»

«¿Por qué quiere que oremos?»

Repitió la oración, pedí por sus hijos. Su estado de ánimo cambió y cuando salí de la habitación estaba cantando alabanzas.

Durante un desayuno, en otra convención, oré por la mesera. No recuerdo la conversación, sólo que oré por ella y se fue llorando a la cocina. Dios había tocado su corazón. Mientras estuve en ese hotel, si le tocaba servir, iba directo a mi mesa a saludarme con cariño. No tengo que decir que nos atendió de manera muy especial.

Terminan Nuestros Días en FIHNEC

Estábamos en Ghana, mi esposo, mi hijo que hacía de traductor y yo, cuando nos enteramos que la junta directiva estaba haciendo reuniones en todo el país para acusarnos de estar sustrayendo dinero de la organización. Eso desató una guerra terrible en las redes sociales. También comenzaron una campaña sistemática en su contra.

El trabajo de Humberto se redujo a nada. Como presidente, bajo una nueva interpretación de los estatutos, ya no tenía poder de decisión en el ministerio. No tenía oportunidad de enseñar, ni de ejercer un liderazgo espiritual, ni apoyo de las autoridades superiores. El acoso continuo, por más de dos meses, estaba provocando en nosotros deterioro físico, mental y emocional. La situación se hizo insostenible y nos estaba afectando a todos. La única forma de ponerle fin a esa situación era renunciando. Y renunció. Después de su renuncia, la organización contrató a la firma auditora Grant Thornton Hernández & Asociados para auditar los últimos años de la gestión de Humberto y no encontró ningún faltante.

Pedí dirección a un profeta de Dios. Me dijo que, aunque el proceso fuera doloroso, aunque pareciera una gran injusticia, al final le íbamos a dar gracias a Dios, porque Dios nos va a llevar a algo más grande y permanente.

Dios le ha venido hablando proféticamente a Humberto de levantar un ejército mundial para recoger la última cosecha, antes de la venida de Jesucristo. Me parece entender que era necesario para nosotros salir de las cuatro paredes de una organización y que el trabajo en Nicaragua fue un entrenamiento para el futuro. Estamos esperando que Dios empiece a abrir puertas para compartir con personas que tengan amor por las almas perdidas y deseo de alcanzarlas. Dios nos mostró la estrategia para que los laicos nos involucráramos en el trabajo de evangelización. Predicar no es para todos, pero todos los que hemos tenido un encuentro con Jesús tenemos un testimonio que compartir.

Este tiempo de pandemia ha sido un tiempo de descanso y restauración, mientras esperamos que el mundo salga del encierro para poder continuar trabajando para el Señor. Yo, por mi parte, he encontrado una nueva manera de servir escribiendo. Y lo disfruto. Me apasiona enseñar.

PARTE II
REFLEXIONES

Cuando leo la Palabra, escucho una charla cristiana o medito, Dios me habla. Puede ser una revelación nueva para mí, una aclaración, una enseñanza o simplemente me recuerda situaciones vividas y la enseñanza recibida. Dios me ha impulsado a escribirlas. Las reflexiones que comparto aquí, las he publicado en mi Facebook en diferentes momentos. Como son publicaciones independientes, tal vez algunas ideas se repitan. Decidí incluir algunas en este libro porque las considero parte de lo que Dios ha estado haciendo en mi vida. También incluyo un par de reportajes de las charlas de Humberto.

VERDADES SENCILLAS

La desobediencia no es juego, es algo serio. *"Es decir, que por la desobediencia de un solo hombre, muchos fueron hechos pecadores; pero, de la misma manera, por la obediencia de un solo hombre, muchos serán hechos justos."* (Romanos 5:19 DHH)

En Deuteronomio 28 se citan las bendiciones para la obediencia y las maldiciones para la desobediencia. Les aconsejo que lo lean en sus biblias para que estén claros, porque el pueblo perece por falta de conocimiento. Las consecuencias de la desobediencia son dolorosas, no puedes esperar bendiciones si andas en desobediencia. Si quieres bendiciones debes empezar a ser obediente, porque Dios nunca va contra Su palabra. Por eso Dios es confiable, porque Su palabra siempre se cumple.

Hay cosas sencillas pero importantes que quiero compartir.

¿Por qué existo? Dios nos creó a Su imagen y semejanza para poder interactuar con El.

¿Y para qué nos creó? Para que fuéramos su familia eterna y lo amáramos y adoráramos eternamente.

La vida temporal es un camino. Esta vida corta es un camino que nos lleva a algo eterno.

¿Cómo debemos caminar en esta vida para lograr el propósito? Sencillo. Jesús dijo *"Yo soy el camino, la verdad y la vida; nadie puede ir al Padre si no es por medio de mí."* (Juan 14:6 NTV)

Si Jesús es la vida y alguien no tiene a Jesús, ¿qué tiene? Muerte.

Son verdades sencillas pero poderosas. Cuando estábamos sin Jesús, estábamos espiritual y eternamente muertos. Jesús transformó nuestra muerte en vida.

¿Qué es esta vida? Es un caminar con Jesús, que es el único que nos puede llevar al Padre para que seamos Su familia eterna. Si caminamos con Jesús, nos va a revelar Su verdad, que es la que tenemos que obedecer. Si obedecemos la verdad nos mantenemos en el camino que nos conduce al Padre. ¡Qué importante obedecer la verdad! Por eso debemos conocerla. Ese es el plan que tiene Dios, a través de Jesucristo, para regresarnos a Su presencia eterna.

Jesucristo vino por todo ser humano, pero no todos están dispuestos a recibir a Jesucristo como Señor de sus vidas y caminar con Él en esta tierra. Esta vida es un caminar, pero hay dos caminos que podemos seguir y el destino de cada camino es diferente.

Esta vida es corta. No hay que poner nuestro corazón en las cosas temporales. Las necesitamos y Dios nos va a bendecir. Pero nuestro corazón tiene que ser para Él. No se puede servir a dos señores. Por eso es importante decidir amar a Dios, ese es el primer mandamiento.

¿Por qué obedezco a Dios? Porque lo amo y porque me da gozo hacer lo que a El le agrada y que a mí me conviene. Tenemos que estar muy claros que debemos darle a Dios el primer lugar siempre. Él no quiere un segundo lugar, ni un primer lugar a ratos sí y a ratos no. Pareciera complicado, pero no lo es.

Yo decidí ser obediente a Dios y ponerlo en primer lugar y le pedí ayuda para poder hacerlo.

«Señor, yo me rindo a Su voluntad y le pido ayuda porque sé que solo no puedo hacerlo, pero decido amarlo y obedecerlo. Ayúdeme.» (Humberto Arguello, Vladivostok, 18/8/2017)

Los Comienzos Narrados por el Ing. Humberto Argüello

Empezamos un pequeño grupo a trabajar trayendo personas a Jesús. Desde el inicio sabíamos que este trabajo era únicamente en el poder del Espíritu Santo, no en habilidades humanas. Por eso buscábamos siempre Su dirección y tratábamos de ser obedientes y Dios comenzó a traernos más personas que a su vez fueron llenas del Espíritu Santo. Fueron llenos de amor y de poder.

Y Dios comenzó a hablarnos de lo que es la salvación y a poner fuerte en nuestro corazón un compromiso de amor por los perdidos. Porque para ir a buscar a los perdidos, la motivación es el amor. Traer a los perdidos a Jesús es un trabajo de amor.

Aprendimos lo valiosa que es la salvación para cada ser humano. Dios dice ¿de qué le sirve al hombre ganar todo el oro del mundo si pierde su alma? Nos comenzó a mostrar lo valioso que era ese regalo de amor que Él había puesto en nosotros. Comenzamos a ver la vida eterna desde el punto de vista de Dios. Que la salvación no es para algunas personas, sino para toda la humanidad, porque Dios no hace acepción de personas.

Entonces comenzamos a trabajar con las estrategias que Dios

nos había dado. Éramos hombres comunes y corrientes, hombres de negocio, profesionales, estudiantes, y mujeres también. Dios nos dio la estrategia de compartir un evangelio práctico a través de nuestro testimonio. Esos testimonios eran respaldados por el poder del Espíritu Santo.

Dios nos comenzó a explicar cosas sencillas, pero importantes. Si vamos a pescar, necesitamos carnada. Íbamos a pescar incrédulos, no cristianos. Pablo escribió que al judío le hablaba como judío, al griego como griego y al que fuera le hablaba como fuera con tal de traerlo a Jesús. Así que comenzamos a hablarle a los inconversos en una forma que ellos nos entendieran, que se interesaran en escuchar lo que les íbamos a compartir. El testimonio es nuestra herramienta para evangelizar. Por medio de él, mostramos el poder y el amor de Dios que ha transformado nuestras vidas. La gente está necesitando a Jesús, pero no lo sabe. Nuestros testimonios hablan de cambios de vida y las personas que nos escuchan quieren esos cambios. Jesús nos dio una mejor vida, cambió nuestra familia, nuestras finanzas, nos dio gozo y paz. Como la respuesta es Jesús, pues Jesús es bienvenido a sus vidas.

Una forma sencilla de evangelizar, pero poderosa. Cuando presentamos a Jesús, señales y milagros ocurren. Poníamos las manos sobre los enfermos y eran sanados. Orábamos para que las personas fueran libres de sus adicciones y las personas eran libres de alcoholismo, de drogas. Se reconciliaban las familias, se restauraban los matrimonios. Comenzó a moverse una gran ola de poder. La gente llegaba a nuestras reuniones buscando de Dios. Era algo que nos sorprendió, nunca nos imaginamos que esas cosas podían sucedernos.

Nuestras reuniones no eran suficientes y empezamos a ir a todos los lugares del país. Íbamos como hombres de negocios, como empresarios. Íbamos a las empresas, a las universidades, a la policía, al gobierno y para nuestra sorpresa se abrían las puertas. Lugares donde nunca se había hablado de Jesús, fueron abiertos. Nunca habíamos pensado estar allí y nos estaban esperando. Cuando llegábamos, dábamos nuestro testimonio y las personas escuchaban con atención porque ellos querían recibir lo mismo que nosotros teníamos.

Aprendamos del Coronavirus

Cada uno ha aprendido lecciones del Covid-19. He oído las advertencias de que el virus no se propaga solo, alguien tiene que llevarlo. Eso me hizo reflexionar en las buenas nuevas de Jesucristo, tampoco se anuncian solas, alguien tiene que llevarlas. Por eso la Biblia dice ¡cuán hermosos son los pies de los que anuncian las buenas nuevas!

Veamos lo que nos cuenta la Biblia. La samaritana, una mujer que se aislaba de la gente, venció sus temores e invitó a los de su ciudad a encontrarse con Jesús. La gente creyó. *"Muchos de los habitantes de aquel pueblo de Samaria creyeron en Jesús por lo que les había asegurado la mujer: «Me ha dicho todo lo que he hecho.»"* (Juan 4:39 DHH)

Jonás predicó en Nínive por tres días y toda la ciudad creyó.

María Magdalena dio la noticia de que Jesús había resucitado y esa noticia llegó hasta nosotros.

En la introducción al libro de Hechos de la Biblia de estudio RVR dice que en 35 años los discípulos llevaron el evangelio a todo el mundo conocido.

Las cifras de contagio del Covid-19 indican que tomó más de tres meses llegar a los primeros 100.000 casos y solamente doce días para los siguientes 100.000. Se dice que cada persona contagia a otras tres personas, aunque hay otras más eficientes como la mujer identificada como *número 31* que contagió a mil.

El virus ha llegado al mundo entero en cuestión de meses y lo tiene conmocionado. ¿Podremos ser así de eficientes nosotros los cristianos? Cada uno alcanzando al menos a tres personas, y esos tres a otros tres cada uno. Eso es crecimiento exponencial y esa fue la idea de Dios. Si tuviéramos la efectividad del virus, el mundo entero habría confesado a Jesucristo y se hubiera cumplido la última condición: *"Y será predicado este evangelio del reino en todo el mundo, para testimonio a todas las naciones; y entonces vendrá el fin."* (Mateo 24:14 RVR1960)

Oro para que cuando esta situación haya pasado, aprendamos la lección del virus y usemos el poder que nos da el Espíritu Santo para ser testigos de Jesucristo en Jerusalén, en Judea, en Samaria y hasta los confines de la tierra.

Dios es mi Roca

Cuando Dios me llamó al servicio nunca había estado en un grupo cristiano, conocía muy poco de la Biblia, no sabía orar, ni había un patrón de reuniones para seguir. Hasta mi conocimiento de Dios era limitado. Reconocer mis limitaciones me obligó a aferrarme a Dios. Así fui conociéndolo, a medida que experimentaba Su amor y Su poder y leía Su Palabra. Al mismo tiempo que Dios trataba con mis temores e inseguridades, le fue dando forma al grupo. El crecimiento del ministerio trajo consigo más compromisos y responsabilidades. Abrir nuevos capítulos, impartir seminarios, asistir a convenciones, viajes al exterior. Sólo la mano de Dios pudo sostenerme y darme la seguridad que necesitaba. Fueron casi 28 años durante los cuales el ritmo se fue acelerando cada vez más. Fueron años de mucho aprendizaje y de logros posibles sólo con la ayuda de Dios.

De pronto, un día, todo terminó. El mundo que conocía desapareció. Todo aquello en lo que había invertido mi tiempo, aquello por lo que había dejado familia, aquello donde había invertido los recursos que eran para escuela, comida o ropa. Quedamos solos, mi marido, mis hijos y yo. Las amigas también se desaparecieron, sólo quedaron unas cuantas, fieles hasta hoy.

Cuando tu mundo se cae ¿qué te queda? Tuve que aferrarme más fuerte a Dios. El Dios que me sostuvo en medio de la multitud, me sostiene en la soledad. Si Dios me dirigió antes, en mis responsabilidades, me guía ahora que he quedado sola. No niego que hubo momentos de desasosiego, de preguntarle a Dios por qué permitía todo eso. No recibí ninguna explicación, pero como en ocasiones anteriores, me ministró ¡con mi propia charla! Las coronas ganadas están aguardándome y mi cuenta de almas sigue creciendo por el trabajo de los que fueron alcanzados por mi trabajo.

En medio de mi desierto aprendí a seguir confiando en Dios. Aunque tal vez no entienda lo que está haciendo, Dios no ha cambiado su naturaleza, ni ha perdido el control. Puedo depender de Él, porque Dios sigue siendo fiel. En medio de la quietud y del silencio, Dios ha sido mi compañero constante. Mi comprensión de las escrituras ha aumentado, ya que descubro cosas nuevas cada día. Aprendí a descansar en Sus promesas y a creer que Sus caminos son mejores que los míos. Me dio nuevas fuerzas cuando las mías se terminaban. He recibido fuerzas de ese soplo divino que se encuentra en Su Palabra. Aprendí que Jesús me ama porque decidió amarme desde antes de la fundación del mundo. Su amor me sacó de la depresión, cuando no quería que nadie me viera. Su amor me acompañó en todo lo hecho. Por Su amor soy lo que soy. Así como Jesús tuvo un discípulo amado, yo me siento Su amada. ¡Mi amado es mío y yo soy suya! Puedo decir con certeza que Él es mi roca, mi fuerza y mi sostén.

Aunque no entiendas lo que estás atravesando, te invito a creer que Dios sigue siendo Dios, que Su brazo no se ha acortado ni Su poder ha menguado. A Dios nada lo toma por sorpresa y todo lo puede transformar para nuestro bien. Sobre esta tierra, todo es temporal, todo pasa. Cree la promesa de Isaías: *"Si tienes que pasar por el agua, yo estaré contigo, si tienes que cruzar ríos, no te ahogarás; si tienes que pasar por el fuego, no te quemarás, las llamas no arderán en ti."* (Isaías 43:2 DHH94I).

Jesús, mi Salvador

En Apocalipsis encontré el pasaje donde los cuatro seres vivientes y los veinticuatro ancianos adoran al Cordero diciendo: *"«Eres digno de recibir el pergamino y de romper sus sellos, porque fuiste sacrificado y con tu sangre compraste para Dios un pueblo de entre todos los linajes, pueblos, lenguas y naciones. Así formaste un reino de sacerdotes que sirven a nuestro Dios y reinarán sobre la tierra»."* (Apocalipsis 5:9-10 NBV).

Por esta adoración deduzco que lo más importante y valioso que

Jesús hizo fue pagar con su sangre el precio por nuestro rescate. Nos rescató de la esclavitud del pecado y de la muerte que heredamos de Adán. Además, despojó a Satanás y lo exhibió públicamente (Colosenses 2:15). Pero Satanás ha creado todo un sistema de pensamiento para que apartemos la mirada de Dios y la pongamos en las cosas del mundo, de modo que no seamos sacerdotes al servicio de Dios.

La Biblia nos advierte: *"Pues el mundo solo ofrece un intenso deseo por el placer físico, un deseo insaciable por todo lo que vemos, y el orgullo de nuestros logros y posesiones. Nada de eso proviene del Padre, sino que viene del mundo; y este mundo se acaba junto con todo lo que la gente tanto desea; pero el que hace lo que a Dios le agrada vivirá para siempre."* (1 Juan 2:16-17 NTV). El sistema del mundo apunta a alimentar nuestro ego. Ese es nuestro punto débil. Por eso dijo Jesús a sus discípulos: *"«Si alguno de ustedes quiere ser mi seguidor, tiene que abandonar su propia manera de vivir, tomar su cruz y seguirme. Si tratas de aferrarte a la vida, la perderás, pero si entregas tu vida por mi causa, la salvarás. ¿Y qué beneficio obtienes si ganas el mundo entero pero pierdes tu propia alma? ¿Hay algo que valga más que tu alma?"* (Mateo 16:24-26 NTV)

No podemos ir tras el mundo y ganar la vida eterna. No es que Dios nos niegue las cosas, es que debemos establecer las prioridades correctas. Si Él es nuestra prioridad, todo lo demás nos es añadido. (Mateo 6:33)

La decisión es nuestra y de esa decisión depende dónde vamos a pasar la eternidad. Si hacemos la voluntad de Dios, y no la nuestra, viviremos para siempre y el sacrificio de Jesús no habrá sido en vano.

VIDA ETERNA

Yo era miedosa y pesimista. Detrás de muchos de mis miedos estaba el miedo a la muerte. Miedo a lo desconocido y miedo a la hora de entregar mis cuentas a Dios. Siempre estaba esa incertidumbre de si iba a salir aprobada o no. Hasta que leí la Biblia y entendí que Jesús murió para que todos mis pecados fueran perdonados. También empecé a conocer a Dios de primera mano: el Padre amoroso, el Dios de misericordia que perdona la iniquidad, la rebelión y el pecado. El Espíritu Santo ha derramado de Su amor en mi corazón y me he sentido amada con amor eterno. Ahora sé que el día que muera, veré frente a frente a ese ser que me ha amado tanto. Conoceré al Amor en persona.

Ya no tengo miedo de morir. Pero, ¿en qué consiste la vida eterna? Primero, recibiremos nuevos cuerpos que no se enferman ni mueren. Viviremos en una tierra nueva, sin la maldición que trajo el pecado. La tierra ya no se encaminará a su destrucción, ya no producirá cardos ni espinos. Será un regreso al Paraíso. No podemos imaginar la vida en el cielo, porque entraremos al verdadero reposo, sin afanes, sin temores, sin inseguridades, sin dolores, sin resentimientos, sin lágrimas, etc.

El salmo 23 dice que el Señor es mi pastor, nada me falta. Tal vez la designación "el Señor" no nos diga mucho. Me gusta más "YO SOY" es mi pastor, nada me falta. Una vez leí el significado de YO SOY como YO SOY el que hace que las cosas sucedan y si algo no existe, yo lo puedo crear para ti. Dicen que antiguamente la relación del pastor con sus ovejas era de intimidad. Jesús dijo que sus ovejas conocíamos su voz. Todo el día y toda la noche pasaba el pastor en el campo en compañía de sus ovejas. Las llevaba a comer, a tomar agua y a veces creaba un lugar de aguas tranquilas para que pudieran beber. Las protegía de los depredadores, sanaba sus heridas.

El que va a estar con nosotros por la eternidad es el gran YO SOY. De día y de noche. Para mí, esa vida eterna es deseable.

¿No estás seguro a dónde irías si morís hoy o mañana? Ponte en la presencia de Dios y lee en voz alta: Señor Jesús, pido perdón y recibo el perdón de mis pecados, iniquidades y rebeliones. Te recibo como mi Señor. Dame la seguridad de que entraré en tu reposo y compartiré contigo la vida eterna. También decido perdonar a todos los que me han ofendido. Amén.

SOY HIJA DE DIOS

Tuve el privilegio de que Dios me escogiera de entre más de tres millones de mujeres nicaragüenses para establecer un ministerio de mujeres en mi nación. Dios escogió a una persona tímida, con pánico escénico, llena de temores, sin experiencia ni conocimiento de la Palabra. No lo planeé ni lo deseé, fue la voluntad de Dios. ¿Eso me define? No. Más bien define al Dios Todopoderoso que pudo llevar a cabo la obra a pesar del vaso que estaba usando.

En estos casi veintiocho años aprendí a conocer a Dios, a confiar en Él, a leer la Palabra. Tuve un encuentro personal con Jesucristo resucitado. Dios me fue transformando en una persona segura, con los temores bajo control, que pudo pararse delante de más de tres mil mujeres. Hoy te puedo decir con seguridad que un puesto no me define.

Estoy orgullosa de mi familia, pero mi apellido tampoco me define. Como estudiante, ocupé los primeros lugares, pero eso no me define. Como madre, puedo estar satisfecha de ver en lo que mis hijos se han convertido, pero eso tampoco me define. Ni la casa en que vivo o el dinero que pueda tener.

Hoy soy una mujer de la tercera edad, sin trabajo y sin cargo en organización alguna, pero orgullosa de mí. Dios me escogió para ser Su hija, desde antes de la fundación del mundo; fui creada de manera maravillosa y admirable. Dios me ama tanto que envió a Su hijo Jesucristo a morir por mí para que mis pecados fueran perdonados y para que pudiera ir al cielo. Mi confianza está en Dios, que me ha sostenido, me ha moldeado, me ha enseñado, y me ha convertido en lo que ahora soy. No ha terminado conmigo, Su buena obra la continuará hasta completarla y presentarme sin mancha delante de Su gloria. Así me defino: hija de Dios, amada y escogida, comprada con sangre, un título que durará por la eternidad. En Dios está mi esperanza, mi confianza y mi seguridad.

UNO CON JESÚS

En algún momento hemos tenido, o tenemos, alguien a quien nos gustaría parecernos. Dicen que con la convivencia nuestros rasgos se van asemejando, hablamos parecido, copiamos gestos, acentos, etc. Yo he visto personas que se parecen mucho a otras en la forma de hablar o en los gestos.

Pero ningún parecido nos puede llevar a decir lo que respondió Jesús: *"Felipe,... ¡Los que me han visto a mí han visto al Padre! Entonces, ¿cómo me pides que les muestre al Padre?"* (Juan 14:9 NTV)

A mí mucho me dicen que me parezco a mi mamá, pero no me atrevería a decir que, si me han visto, ya la conocieron. Podemos tener cierto parecido físico, pero el carácter, la mente y las emociones son diferentes. Aún los gemelos idénticos son personas diferentes. ¿Cómo puede decir Jesús que Él y el Padre son uno mismo?

Lo descubrimos con la siguiente frase de Jesús: *"¿Acaso no crees que yo estoy en el Padre y el Padre está en mí? Las palabras que yo digo no son mías, sino que mi Padre, quien vive en mí, hace su obra por medio de mí."* (Juan 14:10 NTV)

La Escritura dice que nuestra meta es llegar a la estatura de Cristo, o que Cristo sea formado en nosotros. Jesús nos dio el secreto para parecernos a Él: negarnos a nosotros mismos. San Pablo nos dice: *"Mi antiguo yo ha sido crucificado con Cristo. Ya no vivo yo, sino que Cristo vive en mí."* (Gálatas 2:20 NTV)

Jesús vino a darnos ejemplo de obediencia, de sumisión al Padre. Nos cuesta obedecer y someternos porque en nosotros actúa el espíritu de desobediencia. El pecado de Satanás fue el orgullo y la rebeldía. Dios nos pide lo opuesto. El problema es que hemos sido educados por el sistema del mundo, diseñado por Satanás para oponerse a Dios. Nuestro yo, nuestro ego, nuestro orgullo, nuestra rebeldía y nuestros derechos nos impiden someternos. Nos han dicho que el que se somete es menos y que el que obedece es tonto.

Jesús fue el primero en negarse a sí mismo. Dejó el cielo y se hizo obediente a Dios en todo, hasta la muerte. Varias veces dijo que lo que el Padre le decía, eso hablaba, y las obras que el Padre le daba, ésas Él hacía. Nunca leí que Jesús protestara, nunca dijo ¿por qué yo?

Para alcanzar ese nivel de obediencia es necesario menguar, negarnos a nosotros mismos. ¡Qué difícil negarnos! Renunciar a nuestras ideas, a nuestros deseos, a nuestros sueños. No se vale decir "así soy yo y nada me va a cambiar". Dios no trabaja a la fuerza, respeta nuestro libre albedrío, aunque espera que nos parezcamos a Él, pareciéndonos a Jesús.

Por eso debemos decidir, y si nos decidimos por Dios, debemos crucificarnos junto con Cristo. Morir al yo. ¿Es fácil? No. Pero tenemos a Dios Espíritu Santo viviendo dentro de nosotros para ayudarnos. Debemos cambiar nuestra manera de pensar, para pensar según lo que dice la Palabra. Debemos ser obedientes a las directrices del Espíritu Santo. Así poco a poco, con paciencia, permaneciendo, vamos a ir siendo transformados a la imagen de Cristo. El Espíritu Santo produce en nosotros sus frutos: amor, gozo, paz, paciencia, benignidad, bondad, fe, mansedumbre y templanza, para parecernos a Jesús.

Al igual que pasa en las familias naturales, donde la convivencia desarrolla parecidos, pasa con la familia de Dios. La permanencia con Jesús, la convivencia y el conocimiento de la Palabra harán la obra en nosotros, transformándonos a la imagen de Cristo. Si vemos hacia atrás, cuando conocimos a Jesús, y nos vemos ahora, hemos cambiado, y seguiremos cambiando hasta que seamos llevados de esta tierra.

Hay una profecía de que en estos últimos tiempos Dios va a levantar un ejército de hombres y mujeres "uno con Jesús", que van a caminar con un poder extraordinario de parte de Dios, y van a hacer el trabajo de mil cristianos comunes y corrientes. Estas personas han sacrificado su yo y sus deseos, han sido transformados a la imagen de Jesús, por lo que sus palabras y sus acciones son las de Jesús. A ese ejército estamos llamados a pertenecer todos los cristianos.

¿QUÉ NOS ENSEÑA EL LIBRO DE JOB?

Me gusta el libro de Job porque nos da respuestas para el sufrimiento. La idea generalizada es que Dios se relaciona con nosotros a base de un sistema de premio-castigo.

Mi vida fue bastante fácil hasta que mi marido se comprometió a servir a Dios. Nos trasladamos a Nicaragua dejando todo atrás y allí empezamos a sufrir escasez. ¿Por qué Dios haría eso? Les confieso que esa pregunta me martirizaba. Venían los testimonios de Honduras y todos hablaban de prosperidad. Da, y Dios te devuelve multiplicado. Yo daba de mi escasez y no recibía nada de dinero. Fueron muchos años de dificultades, sin sentido para mí. Ese tema era tan doloroso que me salía de toda charla de finanzas. El libro de Job me trajo una luz.

En el caso de Job, su sufrimiento no fue por castigo, al contrario, Dios estaba tan orgulloso de Job que sabía que iba a resistir la prueba y no iba a dejar de alabarlo. Job pide muchas veces poder presentarse ante Dios para exponer su caso y probar que es íntegro. Los amigos, como sucede a menudo, le decían que se arrepintiera de sus pecados ocultos. Pero cuando por fin Dios se aparece, no escucha las quejas de Job, ni le da explicaciones. Simplemente demuestra Su poder y Su sabiduría. Nuestra mente finita no alcanza a comprender Sus razones.

De mi experiencia puedo decir que aprendí a conocer la faceta de Dios como proveedor. No se me ocurría, o no creía, que Dios pudiera darme algo material. Pero lo experimenté. No se me apareció un ángel, pero sí Dios mandaba personas a mi casa a llevar lo que necesitábamos, sin que yo abriera mi boca para pedirle a nadie, más que a Dios. Hasta hoy, Dios no me ha fallado. Criamos y educamos cinco hijos con la ayuda de Dios. Siempre he dicho que Dios está más cercano en los desiertos, ya que podía ver Su respuesta a cada necesidad y, de alguna manera, nosotros lo buscamos más porque reconocemos nuestra necesidad de Él.

Al final de la historia de Job hay una frase muy conocida: *"Lo que antes sabía de ti era lo que me habían contado, pero ahora mis ojos te han visto, y he llegado a conocerte."* (Job 42:5 TLAI). No sólo Job, sino todos los que atravesamos pruebas, gracias a las pruebas llegamos a conocer a Dios de primera mano. Ya no es lo que me contaron, sino lo que yo experimenté. Puedo concluir que Dios es fiel, es sabio, bueno y poderoso. Podemos reposar en El.

DIOS ES FIEL

Escuchando alabanzas me salió *Tu Fidelidad* de Marcos Witt. Esa alabanza la escuché por primera vez en un seminario de jóvenes en Choluteca. Cuando veníamos de regreso en el bus, la cantamos todo el camino. Una llanta del bus se ponchó y faltaba una pieza, un pin o algo así, para poder cambiarla. Estábamos detenidos en la carretera, lejos de toda civilización, ya había oscurecido y no existían los celulares para comunicarnos. Nos pusimos a orar y Dios nos dijo que habíamos venido cantando a Su fidelidad, cómo creíamos que nos iba a dejar abandonados. Al rato se detuvo un furgón, tenía lo que necesitábamos y ayudó a cambiar la llanta. Pudimos llegar a dormir a nuestras casas.

Busqué en *significados.com* la palabra fidelidad que define como: "característica de quien es leal, en quien se puede confiar y creer." Me gustó la definición "de alguien en quien se puede confiar y creer". Esa definición se ajusta a Dios. Puedo decir que Dios ha sido fiel en toda circunstancia.

En lo económico, me suplió tantas veces y de tantas maneras. Hasta el día de hoy, ha suplido mis necesidades.

En situaciones de salud, me sanó de miomas, sanó a mi hijo de una tos alérgica, sanó a mi marido de una enfermedad autoinmune. Me regaló nietos cuando la ciencia decía que era imposible. En el caso del corazón de mi marido, no lo sanó, pero puso un excelente médico que lo operó sin cobrar honorarios, ¡y que hablaba español!

Si hablamos de mis hijos, siempre me ha dicho que no me preocupe por ellos, que Él los cuida. Y así ha sido, Dios los ha cuidado y guardado, aun andando en malos pasos. Dios ha abierto puertas de bendición para ellos.

Con las emociones, cuando me he sentido triste o medio deprimida, me manda una palabra de aliento, o muchas. Por ejemplo, para un día de mi cumpleaños, no me sentía muy bien, pero me mandaron tantas expresiones de cariño que me hicieron sentir amada. En otra ocasión, fue Dios mismo quien me rodeó con su amor. Ni Lady Diana se sintió así. El Creador del universo me declaró Su amor. Fue algo increíble. Al día siguiente alguien me dijo que nadie me amaba. Esas palabras no penetraron porque todavía estaba en éxtasis, segura del amor de Dios.

He visto cómo Dios ha guiado mi vida, me ha enseñado, muchas veces me ha empujado, me ha corregido. Siempre me ha llevado de la mano, nunca me ha abandonado. Sé que será fiel hasta llevarme a la casa del Padre. Puedo concluir que Dios es fiel, es alguien en quien puedo confiar y creer, es constante y comprometido con sus hijos. Me encanta lo que dice San Pablo, que, aunque nosotros seamos infieles, Él sigue siendo fiel porque no puede ir contra su naturaleza. ¡Su fidelidad es grande e incomparable!

¿Cuál es tu Motivación Para Servir a Dios?

La Biblia dice: *"Es verdad que mientras unos anuncian a Cristo con rectitud de intención, a otros los mueve la envidia y la rivalidad."* (Filipenses 1:15 BLPH). Es decir que puede darse el caso de que algunos sirvan por envidia o rivalidad.

También he escuchado a muchos que sirven por agradecimiento o por pagarle a Dios. Desde mi punto de vista, el agradecimiento no nos dura mucho, no es una motivación que te lleve lejos. Otros sirven por la emoción, por imitación, o por la presión del grupo.

La única motivación aceptable delante de Dios es el amor. San Pablo es tajante en 1 Corintios 13, donde usa varias hipérboles como: *"Si entrego a los pobres hasta el último bien terrenal que poseo, y si dejo que me quemen vivo, pero no tengo amor, de nada me servirá."* (1 Corintios 13:3 NBV). Yo lo veía como exageración, pero en Hechos leemos de personas que vendían sus bienes y entregaban el producto de la venta a los apóstoles. También he escuchado que a los cristianos los usaban como antorchas humanas. Así que podemos darlo todo, o entregar la vida, pero si la motivación no es el amor, de nada nos sirve. Ananías y Safira vendieron su propiedad y llevaron el dinero a Pedro, aunque no todo, para obtener el reconocimiento de la comunidad. En vez de reconocimiento, encontraron la muerte.

También San Pablo habla de una fe que mueve montañas y de un don de profecía que lo sabe todo, pero sin amor. Este hecho me dice que se pueden tener dones sin amor, ya sea porque el amor se enfrió, o porque nunca hubo amor. Muchas veces, al oír sobre Jesús nuestras emociones son tocadas. Cuando Dios nos regala dones, nos sentimos súper espirituales, merecedores de esos regalos, orgullosos, pero sólo somos lo que se llama "cristianos emocionales".

San Pablo es claro en que la única motivación aceptable ante Dios es el amor. El amor no busca lo suyo, más bien *"El amor es comprensivo y servicial; el amor nada sabe de envidias, de jactancias, ni de orgullos."* (1 Corintios 13:4 BLPH).

Otra cualidad del amor es que es obediente a Dios. *"Si me aman, cumplirán mis mandamientos;"* (Juan 14:15 BLPH). Para amar, tenemos que negarnos a nosotros mismos, ya que, tanto para dejar el egoísmo como para obedecer, es necesario menguar. Menguar va en contra de nuestra naturaleza pecaminosa. Debemos tomar la decisión de sacrificar nuestro ego y poner a Dios como lo primero y más importante en nuestra vida. El amor también es fruto del Espíritu Santo, y como todo fruto, requiere de tiempo y permanencia en el Señor. Además, debemos dejar que el Espíritu Santo nos moldee.

La motivación puede cambiar con el tiempo. Pidamos al Señor que nos examine y nos revele nuestra verdadera motivación. Si no es el amor, pidamos perdón a Dios y volvamos al amor.

CÓMO COMPARTIR MI FE

He estado escuchando charlas de personas que han estado trabajando en países donde hay persecución religiosa. Decían que aceptar a Jesús allí conlleva la posibilidad de perder tu trabajo, tus bienes y hasta la vida. Las personas que reciben a Jesús lo hacen conscientes del riesgo que corren. Creen que Jesús vale la pena.

Yo me he estado preguntando qué podría decir si tuviera que presentar a Jesús en esas circunstancias. Hoy el Espíritu Santo me trajo a la memoria dos recuerdos del pasado.

En una ocasión, estábamos atravesando una situación económica muy difícil y debíamos la renta de la casa. Mi esposo estaba trabajando para Dios a tiempo completo, sin salario. Dependíamos de un pequeño negocio que Dios me había dado. El dueño de la casa llegó a cobrar de manera grosera. Cuando se fue, mi marido quedó pensativo, me dijo que él había comenzado de cero en varias ocasiones, y que podía hacerlo una vez más. Ya el ministerio estaba encaminado, de modo que podía renunciar al liderazgo y dedicarse a construir un patrimonio familiar antes de su edad de retiro. «¿Qué pensás?», me dijo. Ese era mi anhelo, pero la palabra renuncia me hizo pensar. ¿Estaba dispuesta a volver a mi vida anterior? A la inseguridad, los temores, el pesimismo, a una vida sin sentido. No. Ninguna cantidad de dinero lo valía. Preferiría seguir teniendo dificultades económicas con Jesús a mi lado, que abundancia sin Jesús. Esa reflexión me sirvió para darme cuenta de que tener a Jesús es más importante que cualquier cosa que este mundo nos pueda dar.

Hago un paréntesis para aclarar que han pasado muchos años y que hoy sé que mi relación con Dios es personal, no depende de mi permanencia en un ministerio. Mi marido puso su renuncia por circunstancias especiales, pero eso no quiere decir que hayamos renunciado a Jesús. No he vuelto a mi vida anterior, esas áreas ya Dios las sanó.

En otra ocasión, estando en la arena del coliseo romano, vimos las puertas por donde salían las fieras a devorar a los cristianos. Dios me preguntó si estaría dispuesta a morir por Él. Yo me quedé pensando. Lo estuve pensando varios días, hasta que llegué a la conclusión de que los cristianos enfrentaban la muerte gozosos porque estaban seguros de lo que les esperaba después de la muerte. Eso es fe, la certeza de lo que se espera. Yo también estoy convencida de lo que me espera, así que finalmente pude decir que sí con convicción. La vida no se trata de cuánto tiempo se vive, de los logros alcanzados, ni de cómo llega la muerte. Se trata de echar mano a la vida eterna. *"El que salga vencedor heredará todo esto, y yo seré su Dios y él será mi hijo."* (Apocalipsis 21:7 NVI).

«¿Viste?», me dijo el Señor. «De esas cosas podés compartir.»

La Derrota del Cristiano es la Desobediencia

Escuchaba una serie sobre el libro de Hechos, llamada *Dangerous Faith* de *Open Doors International.* El profeta Agabo le profetizó a San Pablo que en Jerusalén le esperaban cadenas y cárcel.

El conferencista preguntó: «¿Por qué San Pablo siguió hacia Jerusalén?»

Su respuesta fue: «Por obediencia, ya San Pablo no era su propio dueño.»

Y continuó diciendo: «El hecho de que te calumnien, se burlen de vos, te golpeen, te echen preso y hasta te maten, no significa una derrota para un cristiano. La única derrota del cristiano es la desobediencia a Dios.» ¡Cuánta razón!

Antes me preguntaba por qué era tentación para Jesús convertir las piedras en pan. Inocentemente nos hacemos la pregunta ¿qué tiene de malo? Lo malo es que quien lo pide es Satanás y no Dios. Yo creo que es muy importante discernir de dónde viene el deseo o el pensamiento que tenemos ¿es de Dios? Si no es de Dios y lo llevamos a cabo, es desobediencia, ya que si nos hemos negado a nosotros mismos no existe el yo quiero, yo pienso, me parece o ¿qué tiene de malo?

Satanás es astuto para hacernos creer que lo que hacemos es nuestra voluntad. Por eso debemos conocer bien la Palabra y tener comunión con el Espíritu Santo para que Satanás no nos engañe. No creamos que es excusa la falta de conocimiento. La Palabra dice:

"pues por falta de conocimiento mi pueblo ha sido destruido." (Oseas 4.6 NVI)

Uno de los engaños de Satanás es hacernos creer que no importa desobedecer a Dios o que es poca cosa. Por la desobediencia de Adán y Eva fuimos echados del Paraíso. El rey Saúl fue desechado por desobediente y el profeta le dijo: *"Porque la rebelión es como pecado de adivinación, y la desobediencia, como iniquidad e idolatría."* (1 Samuel 15:23 LBLA) ¿Por qué idolatría? Porque nos erigimos en dioses para nosotros mismos.

Leía una vez que la obediencia es un regalo que le damos a Dios. Representa nuestro amor y adoración a Él. En cambio, en Job 35:6 dice que, si pecamos, léase desobedecemos, ¿en qué afecta a Dios? Dios no pierde poder, Dios sigue siendo el mismo. Los afectados somos nosotros en nuestra relación con Él. En nuestro destino eterno.

De nosotros depende, ¿victoria o derrota? Dios ha puesto a nuestra disposición poder, discernimiento, dominio propio, valor y la ayuda del Espíritu Santo para obtener la victoria.

¿Valió la Pena?

Algunos que vivieron de cerca los acontecimientos que pusieron fin a casi 30 años de servicio me han preguntado si valió la pena todo el tiempo, esfuerzo y sacrificio. ¡Claro que valió la pena! Nada que se haga por amor a Dios cae en saco roto. Ver tantas vidas transformadas y millones de personas que hoy tienen vida eterna, no tiene precio. Tengo la satisfacción del deber cumplido. Además, me considero la más beneficiada: durante todo este tiempo he podido conocer a Dios personalmente, he experimentado su provisión, su cuidado, su amor. No de oídas, no me lo han contado, lo he vivido. También he aprendido a leer la Palabra de Dios y disfrutar de esos tiempos de lectura porque cada día aprendo nuevas cosas y conozco más de Dios.

Otro beneficio es que Dios me ha empujado a hacer cosas que, sin su ayuda, nunca me hubiera atrevido, a perder el miedo, a saber que soy amada incondicionalmente. También Dios me transformó de aquella mujer insegura, llena de temores, depresiva y pesimista en una mujer segura en Dios, con identidad de hija, optimista, amada y escogida.

Bien dice la Palabra que todas las cosas ayudan a bien a quienes amamos a Dios. Tengo tantas cosas por las que dar gracias.

Hoy llevo una vida pacífica, puedo disfrutar mi casa y tengo tiempo para volver a las obras primeras: estudiar la Palabra de Dios. Vivo rodeada de pájaros que me alegran y me hablan de Dios. Dios nos ha protegido del coronavirus y ninguno de mi familia falleció. No ha faltado el alimento en mi casa, ni en la de los míos; la familia creció con la llegada de dos nietas. Mis hijos conocieron a Dios a través de todas las circunstancias vividas y ahora dependen de Él. Mi esposo está sano y fortalecido. Tengo un grupo de amigas incondicionales. Mi nueva asignación me apasiona: compartir mis experiencias, lo que he aprendido y sigo aprendiendo en la escuela del Espíritu Santo. Nunca se me ocurrió escribir, yo era más de números. Además, debía liberarme de todos los temores e inhibiciones que me impedían exponer libremente mis ideas.

Dios es bueno todo el tiempo y nos ama con amor eterno, aunque no entendamos Sus caminos. Sigamos la carrera y seamos parte de esa nube de testigos que mantuvieron su fe a pesar de las circunstancias.

Dios nos da la Victoria

Me conmuevo cuando veo el cuidado de Dios por nosotros Sus hijos. Yo siempre digo que cuando comenzamos a conocer al Señor, nos evita todo problema. Como hizo con los israelitas al salir de Egipto. *"Cuando el faraón dejó salir al pueblo israelita, Dios no los llevó por el camino que va al país de los filisteos, que era el más directo, pues pensó que los israelitas no querrían pelear cuando tuvieran que hacerlo, y que preferirían regresar a Egipto."* (Éxodo 13:17 DHH94I)

Si hubiera tenido problemas con mis hijos mayores, creo que

me hubiera vuelto loca. Con lo pesimista que era, hubiera andado buscándolos en las estaciones de policía o en los hospitales. Cuando el menor de los varones empezó a dejar de llegar a dormir, ya había desarrollado un grado de confianza y dependencia de Dios. Por eso no me preocupaba, sino que oraba. Recordaba las promesas de Dios para su vida y las declaraba. Cada noche de ausencia, pedía a los ángeles que lo protegieran y lo regresaran con bien a casa. Si estaba mi marido en casa, orábamos juntos. Le pedía a Dios que lo liberara de todos sus vicios, pero que lo tratara con cariño, ya que, como madre, no quería que sufriera. Yo le ponía límites a Dios.

Esto fue así hasta que una noche me llamaron al hospital. Mi hijo se había intentado suicidar. ¿Cómo era posible que esto estuviera pasando? Mi hijo, que veía el mundo espiritual, con tantas promesas, camino al infierno. Me sentía impotente. Dios me dijo que yo me podía sentir impotente, pero Él era omnipotente y que Sus planes seguían firmes. Incluso escuché de casualidad una grabación mía donde declaraba las promesas de Dios sobre la vida de mi hijo.

Tuve que ir al hospital una segunda vez. Y una tercera vez. A estas alturas estaba agotada. Había perdido toda esperanza de futuro, sólo oraba por su salvación. También le pedí a Dios que lo llevara a conocer el infierno, para que mi hijo conociera el destino que le esperaba si seguía por ese camino. Que lo llevara en sueños, pero si lo iba a llevar en realidad, o sea, si iba a experimentar una muerte temporal, que yo no estuviera sola, que mi esposo estuviera conmigo.

Cuando estamos sumergidos en los problemas, no vemos ninguna salida. Cuando el camino se hace largo, no vemos el fin. Entonces nos queremos dar por vencidos, porque no tenemos fuerzas para seguir. Pero cuando Dios me hizo las promesas, ya sabía lo que iba a pasar. Dios conoce nuestro futuro y nada lo toma por sorpresa. Dios no va ajustando Sus planes según las circunstancias, Sus planes son firmes. Dios mandó a alguien a decirme que no bajara mis brazos, que volviera a declarar las promesas, porque Dios no es hombre para mentir, ni hijo de hombre para arrepentirse. Que lo difícil de las circunstancias no nos hagan conformarnos con menos de lo que Dios ha prometido. Así que volví a declarar las promesas. También cambié mi oración: «Señor, te lo entrego a ojos cerrados. Hacé con él lo que sea necesario. Yo sé que lo amás más que yo y que puedo dejarlo en Tus manos.»

A partir de esa oración, Dios obró. Mi hijo cuenta en su testimonio que, siendo niño, nos vio salir de viaje para ir a servir a Jesús. En su mente de niño, le dijo a Jesús: «Si te llevas a mis padres, ven tú a hacerme compañía.» En ese momento sintió la presencia de Dios, esa presencia permaneció con él a lo largo de los años. Incluso en sus andanzas, esa presencia lo acompañaba y sabía que lo protegía. Pero de pronto, un día, esa presencia ya no estaba. Se sintió desamparado, expuesto, con mucho temor, perseguido. Quiso negociar con Dios para que regresara Su presencia, pero Dios no cedió. Hasta que le entregó todo a Dios y se rindió completamente a Él pidiendo Su ayuda porque solo no podía. He visto cómo las promesas se van cumpliendo en su vida una a una. Dios es bueno y para siempre es Su misericordia.

Si tienes problemas con tus hijos, ¿cuál es la salida? Confiar ciegamente en Dios. Es el único que puede traer libertad verdadera. Cualquiera que sea tu circunstancia, no te canses de orar, ni bajés los brazos, aunque parezca que Dios tarda. Él es fiel y al final te dará la victoria.

En Busca de Aceptación

Todos necesitamos amor y aceptación. Yo puedo hablar de la búsqueda de aceptación. A causa de esa búsqueda, no tenía una personalidad definida, sino que me adaptaba a las otras personas. Creo que todos buscamos aceptación en mayor o menor medida. Algunos no podemos decir que no y permitimos que los demás abusen de nosotros. Tal vez creemos que seremos aceptados por nuestra apariencia y vivimos en gimnasios, constantemente haciendo dietas o recurriendo a cirugías plásticas. Otras veces pensamos que por nuestro poder adquisitivo nos van a aceptar y necesitamos ropa de marca, el último celular, o un vehículo de lujo. Quizás pensamos que al adquirir títulos o posición tendremos aceptación. Lo triste es que, si no nos aceptamos nosotros mismos, no nos vamos a sentir aceptados nunca. Como todos estamos en busca de aceptación, somos incapaces de darla a otros.

Todo cambió para mí el día que Dios me atrajo con Su amor. Cuando me encontré con el amor incondicional de Dios, que nos ama a pesar de que conoce todos nuestros defectos, lo peor de nosotros y nuestros pensamientos más ocultos, me sentí aceptada y amada. Dios nos creó de manera que no estuviéramos completos sin Él. Nuestra búsqueda de amor y aceptación termina cuando encontramos a Dios.

En Dios está nuestra identidad, nuestra aceptación incondicional y el amor eterno. David, que conocía íntimamente a Dios, pudo decir: *"¡Te alabo porque soy una creación admirable! ¡Tus obras son maravillosas, y esto lo sé muy bien!"* (Salmo 139:14 NVI)

En el proceso de conocer a Jesús personalmente, se fueron mis temores, mis inseguridades, mis vacíos. A Dios no tenemos que impresionarlo. Lo único que tenemos que hacer es aceptar Su amor y Su perdón.

Jesús dijo: *"...yo no rechazaré al que venga a mí."* (Juan 6:37 BLPH). Efesios 1:5-7, dice que Dios, en Su amor y por voluntad propia, nos escogió desde antes de la fundación del mundo para que fuéramos sus hijos y, por medio de Jesucristo, perdonó nuestros pecados para que fuéramos aceptados. O sea que tenemos una familia esperándonos con amor y aceptación. Jesús ya pagó el precio para que pudiéramos encajar en la familia de Dios. De nosotros depende aceptar esa oferta de amor.

¿QUIÉN ES JESÚS?

En una ocasión, Jesús preguntó a sus discípulos: Y ustedes, ¿quién dicen que soy?

En mi caso, la imagen de Jesús ha sufrido grandes cambios.

En mi niñez creía en Jesús como el Hijo de Dios, que murió para salvarnos. En mi adolescencia, se puso de moda la teología de la liberación. Nadie me lo dijo, tal vez fueron mensajes subliminales o simplemente mi apreciación, lo que sí es que a Jesús lo veía a la par del Che Guevara, como un guerrillero que luchaba por los pobres del mundo. Jesús perdió su deidad. Tal vez era un hombre excepcional, pero hombre, al fin y al cabo.

Esa fue la etapa más difícil de mi vida. No porque tuviera grandes problemas, sino porque no tenía un norte. Me llené de temores, resentimientos, frustraciones y hasta depresión. Mi vida no tenía sentido, sin sueños ni ilusiones. Ya en mi edad adulta, mi esposo tuvo un encuentro con Jesús. A través de él, volvieron mis memorias de la niñez. Volví al Dios que tenía de niña, con las limitaciones de la comprensión infantil. Un día tuve una experiencia sobrenatural. Acababa de salir la alabanza *Sentado en Su trono*, de Jesús Adrián Romero, y me dispuse a oírla. La alabanza describe a Jesús con ojos resplandecientes como llama de fuego, su voz tan fuerte como el estruendo de una catarata y su rostro como el sol cuando brilla. De pronto, una presencia sobrecogedora llenó la habitación donde yo estaba. No sabía cómo reaccionar apropiadamente ante esa presencia. Quería reír y llorar a la vez, no sabía si debía postrarme o qué debía hacer. La experiencia duró muy poco. Me di cuenta que la letra de la alabanza se refería a la visión de Jesús que narra San Juan en Apocalipsis. San Juan vio a Jesús, su amigo cercano, aquél sobre cuyo pecho recostaba su cabeza. Sin embargo, Jesús manifestaba su naturaleza divina y San Juan cayó a sus pies como muerto.

Esa experiencia hizo que, en mi mente, Jesús también sufriera una transformación. La misma que nos relata la Biblia: *"Dios lo elevó al lugar de máximo honor y le dio el nombre que está por encima de todos los demás nombres para que, ante el nombre de Jesús, se doble toda rodilla en el cielo y en la tierra y debajo de la tierra, y toda lengua declare que Jesucristo es el Señor para la gloria de Dios Padre."* (Filipenses 2:9-11 NTV)

La lectura de la Palabra reafirmó lo que había experimentado.

"Ahora Cristo está muy por encima de todo, sean gobernantes o autoridades o poderes o dominios o cualquier otra cosa, no solo en este mundo sino también en el mundo que vendrá." (Efesios 1:21 NTV)

Cuando nuevamente establecí la deidad de Cristo en mi mente, cuando lo elevé al lugar de máximo honor, Él empezó a trabajar en mi vida. Me fue liberando de temores, ansiedades, resentimientos. Hoy tengo un cimiento firme, estoy parada sobre la roca. No tengo temor a malas noticias porque mi Jesús está por encima de todo lo creado, está en el presente y en el futuro.

Nunca negué la existencia de Dios, sino que, en las diferentes etapas de mi vida, cambiaba el concepto de Él. La relación cambia, según lo grande y poderoso que sea tu Dios. Y ustedes, ¿quién dicen que soy? De la respuesta a esta pregunta depende tu calidad de vida. ¿Es un simple mortal? ¿Un semi-dios? ¿O es el Señor de toda la creación, incluyendo tu vida y la mía?

Te invito hoy a ponerlo en el lugar que le corresponde.

Oremos: Señor, dame espíritu de sabiduría y de revelación para conocerte, para conocer Tu poder y Tu amor para con nosotros los humanos. Hoy doblo mis rodillas ante el nombre de Jesús y declaro que Jesucristo es el Señor y le rindo mi vida. Entrego todo lo que soy, mi presente, mi pasado y mi futuro. Amén

Ciclos

En una charla, escuché decir que los ataques de Satanás son cíclicos. Tal vez a eso se refería Jesús cuando decía que, cuando el espíritu inmundo sale del hombre, anda por lugares secos, buscando reposo y no lo halla. Por eso decide regresar a su casa. De nosotros depende dejarlo entrar de nuevo.

En mi caso sus ataques han sido depresión y temor.

Cuando todo aquello en lo que tenía puesta mi seguridad se desplomó, caí en depresión. No tenía fuerzas para enfrentarme al mundo, ni a la vida. Allí fue cuando Dios me empezó a hablar de Su amor, y en Su amor encontré las fuerzas que necesitaba para seguir adelante.

Años después, cerca de mi cumpleaños, la depresión quiso volver a mi vida. Estaba triste y Dios usó mucha gente linda con mensajes llenos de amor que me empujaron para levantarme.

Con el temor es similar. Yo declaro que soy libre del temor, aunque de vez en cuando vienen pensamientos a mi mente que me quieren hacer volver para atrás. Allí es cuando debemos estar alertas y no permitir que esos pensamientos de temor se arraiguen en nuestra mente. Inmediatamente pienso que el que está conmigo es más fuerte que cualquiera. Pienso que en Jesús soy más que victoriosa, que, si el Hijo me libertó, soy completamente libre. No le doy entrada al temor para que no se apodere de mí nuevamente. No dejo que el temor me paralice.

Mientras estemos en este mundo, estaremos entre dos fuerzas: el bien y el mal. Si nos decidimos por el bien, el mal no se va a dar por vencido. Cada cierto tiempo va a intentar hacernos volver atrás. Debemos estar alertas para no caer en su trampa. Cada vez va a ser más fácil librarnos. Pero, si nos dejamos atrapar, cada vez va a ser más difícil salir.

San Pedro nos advierte: *"Sean prudentes y manténganse despiertos, porque su enemigo el diablo, como un león rugiente, anda buscando a quien devorar. Resístanle, firmes en la fe, sabiendo que en todas partes del mundo los hermanos de ustedes están sufriendo las mismas cosas."* (1 Pedro 5:8-9 DHH94I)

El consejo es resistir en la fe y saber que no somos los únicos bajo ataque. Todos libramos batallas. Tener compañeros de oración es de mucha ayuda, porque nos sostenemos unos a otros. Porque el león ataca a los que se separan de la manada.

Cuando tu Mundo Cambia

Cuando me trasladé de Honduras a Nicaragua, mi mundo se vino abajo. No era un simple cambio de país, que siempre es difícil. En 1991 Nicaragua estaba saliendo de una guerra, su economía estaba destruida, había escasez de todo y los precios eran de locura. Además, en Nicaragua no teníamos una fuente de ingresos.

Por ejemplo, en Honduras compraba cinco plátanos por un lempira, en Nicaragua valía cinco córdobas un plátano, la paridad de ambas monedas con respecto al dólar era la misma. Para esa época tenía tres hijos y un cuarto en camino, a un mes de nacer. ¿Y los ahorros? Ya no existían, las reuniones que había iniciado mi esposo eran muy caras y se habían consumido todo.

Mis hijos estaban acostumbrados a que les diera todos los gustos, y, de pronto, pedían un helado y no había dinero para complacerlos. Compraba a diario la comida del día y había días en que ni para eso tenía. Busqué trabajo, siempre me dijeron que estudiara, que me preparara para el futuro. Estudié análisis y programación, pero no encontré trabajo. Es un área que está en constante cambio y yo había quedado desactualizada. En ese momento, quise volver atrás. El negocio había quedado en Honduras, mi ginecólogo, las escuelas de mis hijos, el pediatra, mis amistades. Para entonces, había visto a mi marido consultarle sus decisiones a Dios. Dios le respondía, así que decidí consultarle yo también. Más que consulta, era convencerlo de lo buena que era mi decisión: «Señor, Usted quiere que mi marido le sirva aquí en Nicaragua, pero yo no tengo nada que hacer aquí, porque su ministerio es sólo para hombres. Mi idea es que Humberto se quede sirviendo, yo me regreso con mis hijos y le sigo enviando dinero para mantenerlo. Usted gana porque lo va a tener de tiempo completo; Humberto, porque no va a tener una esposa que se queje todo el día, y mis hijos y yo, porque vamos a estar adonde queremos. Pero… si no le parece, impídame el viaje.» Lo impidió.

Me volví a Dios. «Si usted quiere que me quede, deme una fuente de ingreso.» Concedido.

«Si usted quiere que me quede, que mi marido permanezca en casa en las noches porque me da miedo estar sola.» «Tengo una mejor idea, voy a trabajar con tus miedos.»

Fue un tiempo difícil, pero bonito a la vez. Había dificultades, pero Dios estaba conmigo. Yo siempre digo que en el desierto está la presencia de Dios visible: la columna de humo en el día y la columna de fuego en la noche. En el desierto Dios proveyó maná para que comieran, sacó agua de la roca y les dio los Mandamientos. El desierto es para que conozcamos a Dios. Por lo menos para mí, así fue. Conocer diferentes facetas de Dios. El Dios que provee, el Dios que sana, el Dios que protege, el Dios que me ama. Siempre me emociono cuando leo la presentación de Dios a Moisés: "*«¡Yahveh! ¡El SEÑOR! ¡El Dios de compasión y misericordia! Soy lento para enojarme y estoy lleno de amor inagotable y fidelidad.*" (Éxodo 34:6 NTV) Ese es el Dios que he conocido en todo este tiempo, el Dios de compasión y misericordia, el Dios lento para la ira. Dios tuvo que sacarme de mi comodidad para que le conociera. Cuando mi mundo se deshizo, Dios fue mi salvavidas, mi roca, mi refugio. Ha sido lo mejor que me ha pasado.

Nuevamente mi mundo cambió, pero Dios no ha cambiado. Sigue estando conmigo, sigue siendo mi salvavidas, mi roca y mi refugio.

Si tu mundo ha cambiado, si estás atravesando un desierto, lo mejor que puedes hacer es aferrarte a Dios. Como dijo Jacob cuando luchó toda la noche con el ángel: no te suelto hasta que me bendigas. La bendición no necesariamente es dinero, puede ser salud, paz, unidad familiar o ser libre de temores. Mi mayor bendición ha sido encontrar la roca firme que es Jesucristo. Aunque todo me falte, El estará conmigo.

Escogida por Dios

¿Cómo escoge Dios a sus siervos? Dios no mira lo que nosotros miramos. A la hora de escoger al segundo rey de Israel, ni su propio padre creía en David, quizás porque era el menor de sus hijos. Si vemos el caso de Pablo, cuando escogieron a alguien para ocupar el puesto de Judas, el nombre de Pablo no figuró entre los candidatos. Cuando Dios envió a Humberto de regreso a Nicaragua, Humberto no se sentía capaz y le sugirió a Dios otros candidatos. En respuesta,

Dios le dio una visión de un desierto donde no había nadie y le dijo: «Mira a tu alrededor.» «No hay nadie», contestó Humberto. «Por eso te mando, pero no te preocupés que Yo te acompaño.» Yo creo que, en mi caso, al escogerme, Dios sólo preguntó por la esposa de Humberto. O me escogió desde antes de la fundación del mundo y me puso al lado de Humberto.

Escuché a Dante Gebel relatar que, cuando lo entrevistaron para la Catedral de Cristal, le preguntaron ¿en qué no eres bueno? Me imaginé a mí misma, hace 28 años, y me pregunté ¿en qué no era buena? Creo que lo único que tenía para desempeñar el puesto era el deseo de ser obediente a Dios.

¿Conoce la Biblia? Solamente los evangelios de San Mateo, San Marcos y San Lucas.

¿Tiene experiencia en dirigir grupos? Ni siquiera he pertenecido a ningún grupo.

¿Ejerce liderazgo? No tomo decisiones por mí misma, soy muy dependiente de las opiniones de los demás.

¿Tiene capacidad para hablar en público? Cada vez que hablo, me preocupa que se puedan burlar de mí. Además, mi voz es baja y difícilmente me escuchan.

¿Y sus relaciones personales? Tengo muy pocas amigas. Además, mi espacio vital es muy amplio y, si las personas se acercan mucho, siento que invaden mi espacio vital.

¿Sabe orar? Sacar algo de adentro de mi corazón, no, no me atrevo. Puedo repetir oraciones.

¿Entonces, qué vio Dios en mí? Lo único que tenía era el deseo de ser obediente. Ahora creo que la obediencia es indispensable. A mí no me preguntó, no dije que sí, ni levanté mi mano.

Dice la gente que Dios no llama a los capaces, sino que capacita a los llamados. Así que entré en Su escuela de capacitación. Para empezar, Dios mandó a una profeta, Marilú Aquino, que nos ministró el Espíritu Santo y nos dijo que ese grupo iba a crecer por todo el país y que se iba a multiplicar hasta llegar a miles de mujeres. A través de ella, Dios nos mandó a estudiar la Biblia. Al estudiar la Biblia, la empecé a ver como algo práctico, que tenía respuestas a muchas preguntas de la vida diaria y le fui perdiendo el miedo. También empecé a memorizar versículos. Cuando la leí de principio a fin, pude comprender la historia de amor de Dios con la humanidad.

En cuanto a mi temor a hablar en público, se unieron unas damas, Ana Cerda entre ellas, para ayunar y orar por mí. Es un ejemplo digno de imitar: orar por tu líder, para que Dios lo cambie. La primera vez que di una charla, Dios me empujó. Teníamos un seminario programado y se había firmado un contrato para un salón. La conferencista que vendría me avisó uno o dos días antes que no iba a poder venir. Por el contrato firmado, no tuve más opciones que tomar el micrófono e impartir el seminario. Ese fue el primero de muchos.

El proceso para poder ser yo misma, y no lo que los demás opinaban, fue más lento. Dios me mostró Su amor por mí. Me aseguró que me amaba incondicionalmente y me aceptaba. Y poco a poco fui sintiéndome más segura. Tuve que aprender a conocer mis gustos y a tener opiniones. Con la dirección de Dios, pude dirigir.

Otra área que Dios trabajó en mí fue el poder acercarme a las personas, aceptar la cercanía física y aprender a abrazar. Me acuerdo que me decían: «Luchá contra tu instinto y abrí los brazos.» Poco a poco fui reduciendo ese espacio vital y dejando entrar a otros, hasta ser capaz de abrazar. No me di cuenta cuando aprendí a orar. Creo que fue a medida que iba conociendo a Dios y sintiéndome cómoda con El y conmigo misma.

Si veo atrás, reconozco que nada de lo logrado fue por mis capacidades o cualidades. Todo fue obra de Dios. Yo sólo fui obediente. Llegué a liderar 430 grupos de damas en todo el país y a dar charlas a más de 3.500 mujeres reunidas en un seminario. Lo que es de Dios, prospera, y el ministerio prosperó a pesar de mis dudas, inseguridades, temores e inexperiencia. Dios me guio, me moldeó como buen alfarero, me enseñó y siempre estuvo a mi lado. De Su mano aprendí a superar los temores, las inseguridades y los traumas. Hoy tengo amigas verdaderas y puedo abrazarlas. También tengo un grupo de intercesión con verdaderas guerreras. Puedo escribir sobre mis experiencias y abrir mi corazón sin temor al qué dirán.

Si Dios lo hizo conmigo, lo puede hacer con cualquiera. No importa la asignación que Dios tenga para vos, grande o pequeña, Dios te va a capacitar. Tu trabajo es dejarlo hacer. Dejar que Dios sea Dios en tu vida, que el Espíritu Santo te moldee. Para Dios no hay imposibles.

Dios de Jacob y Dios Mío

Me gusta mucho la historia de Jacob, me identifico con ella porque va poco a poco conociendo a Dios, hasta que un día construye un altar y lo reconoce como su Dios.

Antes de nacer Jacob, Dios le dijo a Rebeca, su madre, que tenía gemelos en su vientre y que el mayor iba a servir al menor (Génesis 25:23). Jacob hizo honor a su nombre, que significa usurpador, engañador. Un día en que Esaú regresó hambriento del campo, encontró que Jacob había hecho un guiso y le pidió de comer. Jacob le ofreció el guiso a cambio de la primogenitura de Esaú. En aquel entonces, el primogénito heredaba el rango de su padre y una doble porción de los bienes de la familia. Esaú entregó su primogenitura por un plato de lentejas. Más adelante, instigado por su madre, Jacob obtuvo, con engaño, la bendición que su padre tenía para Esaú. A causa de esto, tuvo que huir de casa porque, en su enojo, Esaú quería matarlo. Rebeca envió a su hijo menor con su familia. Jacob salió de su casa con las manos vacías. Quiso obtener por sus fuerzas lo que Dios le había destinado y lo perdió.

Aquí es cuando Dios entra en escena y cumple Su propósito. En el camino, Dios se le aparece y le repite la promesa hecha a Abraham y a Isaac. Dios le confirma a Jacob que es Su escogido, como lo había declarado desde que estaba en el vientre. Para mí, es importante lo que le dijo después: *"Yo estoy contigo; voy a cuidarte por dondequiera que vayas, y te haré volver a esta tierra. No voy a abandonarte sin cumplir lo que te he prometido.»"* (Génesis 28:15 DHH)

Dios nos conoce desde antes de la fundación del mundo, y cada uno de nosotros tiene un propósito y una asignación especial de parte de Dios. Pablo escribió *"pues es Dios quien nos ha hecho; él nos ha creado en Cristo Jesús para que hagamos buenas obras, siguiendo el camino que él nos había preparado de antemano."* (Efesios 2:10 DHH).

En el caso de Jacob, de nada le sirvió haber comprado la primogenitura, porque dejó la casa paterna y los bienes. Pero Dios le confirma que es el heredero de Sus promesas y también le da abundancia de bienes. Lo que Dios promete, Dios lo cumple, no necesita nuestra ayuda.

Jacob fue donde su tío Labán y le sirvió por veinte años, catorce por sus esposas y los últimos para obtener su patrimonio. *"De esa manera Jacob se hizo muy rico y llegó a tener muchas ovejas, esclavos, esclavas, camellos y asnos."* (Génesis 30:43 DHH). Jacob regresa a su tierra y, en el camino, tiene otro encuentro con Dios. Allí es cuando lucha toda la noche con un ángel. *"Entonces el hombre le dijo: —Suéltame, porque ya está amaneciendo. —Si no me bendices, no te soltaré —contestó Jacob."* (Génesis 32:26 DHH). *"Entonces el hombre le dijo: —Ya no te llamarás Jacob. Tu nombre será Israel, porque has luchado con Dios y con los hombres, y has vencido."* (Génesis 32:28 DHH). Esa noche Jacob recibió la bendición que Dios le tenía reservada y un cambio de nombre. Ya no era el engañador o el usurpador, ahora era Israel, el que había luchado con Dios y con los hombres.

Si mi nombre dependiera de mi carácter hubiera sido Temerosa, porque tenía temor de todo. Un día tuve mi encuentro con Dios y empecé a conocerlo. Es cierto que conocía a Dios a través de otras personas, pero no de manera íntima y personal. Durante todos estos años he podido conocer a Dios personalmente, me ha hecho libre de temores, he experimentado Su amor, Su protección, Su provisión y el cumplimiento de Sus promesas. Hoy digo que Dios es Dios de Abraham, de Isaac, de Jacob y Dios mío.

Pensar que el Dios Todopoderoso, el Creador del Universo, el Único y Sabio Dios me ama con amor eterno y está siempre a mi lado para cuidarme, para cumplir Su propósito en mí, me llena de paz, de seguridad, de valor. Desde que Dios está conmigo y me lleva en Sus caminos, he sido transformada en otra persona. ¿Cuál sería mi nombre ahora? Confiada en su Padre o Amada por Dios.

Nadie está en esta tierra por accidente. Dios tiene propósitos diferentes para cada uno y es poderoso para llevarlos a cabo. Lo único que puede oponerse a Sus planes es tu poder de decisión. No tienes que ayudarlo, sólo dejarlo hacer.

La fe es Probada

"Hermanos míos, ustedes deben tenerse por muy dichosos cuando se vean sometidos a pruebas de toda clase. Pues ya saben que cuando su fe es puesta a prueba, ustedes aprenden a soportar con fortaleza el sufrimiento. Pero procuren que esa fortaleza los lleve a la perfección, a la madurez plena, sin que les falte nada." (Santiago 1:2-4 DHH)

Me resultaba difícil sentirme dichosa en medio de las pruebas, hasta ahora que ha corrido mucha agua debajo del puente y he entendido el porqué del mandato. Santiago y San Pedro nos dicen que, en medio de las dificultades, nuestra fe es probada. Es probada en la actitud que asumimos durante los problemas. Podemos dar marcha atrás y decidir que es muy difícil seguir a Jesús. Podemos enojarnos con Dios, o amargarnos, porque "sólo a mí me pasa esto". Podemos preocuparnos, deprimirnos, creer que estamos sin salida y olvidados por Dios. O podemos creer lo que dijo Jesús: *"Les digo todo esto para que encuentren paz en su unión conmigo. En el mundo, ustedes habrán de sufrir; pero tengan valor: yo he vencido al mundo."* (San Juan 16:33 DHH). Si creemos que junto con la prueba Dios nos da la salida, entonces ésta se convierte en una expectativa de cómo nos va a ayudar Dios y esperamos en paz. Aunque Dios no siempre se mueve como nos imaginamos, ni en el momento que lo queremos, siempre hace algo.

Por ejemplo, en una ocasión debía los servicios públicos. Dios no me dio para pagarlos a tiempo, pero cuidó de que no me los cortaran. No les voy a negar la angustia que sentía cada vez que andaban las cuadrillas cortando la energía eléctrica, pero Dios nos protegió hasta que nos pusimos al día.

Esperaba que otras deudas que teníamos fueran canceladas milagrosamente, en cambio Dios nos ayudó a hacer arreglos para cancelarlas poco a poco, hasta ser libres de deudas. Creo que, si Dios nos soluciona las cosas de manera fácil, no aprendemos a ordenarnos. Ahora vivimos de contado.

En enfermedades, oré por sanidad divina, algunas se dieron y en otras Dios puso el médico, el hospital y la provisión.

Con mi hijo, estaba cansada de la situación, sobre todo de sus intentos de suicidio, por la posibilidad de que perdiera su salvación. Le pedí a Dios que le mostrara el infierno para hacerlo desistir. Yo me imaginaba que, en sueños, iba a ver el fuego, escuchar los gritos. Dios le mostró otro infierno: estar alejado de Su presencia, y eso lo hizo cambiar.

En el caso de la esterilidad de mi hija, Dios respondió nuestras oraciones y me regaló dos preciosos nietos.

Con esta pandemia nuestros ingresos se han visto afectados, pero ya he aprendido a tener paz y a esperar en Dios. Hasta el día de hoy no me ha fallado y la provisión no ha faltado.

Dependiendo de la traducción que se use, Santiago agrega que la prueba produce paciencia, resistencia, fortaleza o constancia y que, si resistimos hasta el final, seremos mejores, perfectos, cabales, completos, íntegros, maduros.

Así que podemos gozarnos en las pruebas, porque 1) veremos la mano de Dios, 2) nuestra fe está siendo probada, 3) alcanzaremos madurez espiritual.

Romanos 8:28-29 dice que todo nos ayuda a que Cristo sea formado en nosotros, así que cada prueba ayuda a trabajar con nuestro carácter, para moldearnos a la imagen de Cristo. Tal vez tenemos que dejar la autosuficiencia, tal vez debemos aprender humildad, tal vez necesitamos aprender a esperar el tiempo de Dios o tal vez simplemente comprobar la fidelidad de Dios.

Les puedo decir que ahora, cada circunstancia difícil representa para mí una oportunidad para ver a Dios actuar. A veces creemos que Dios ya se olvidó de nosotros. Hoy leía que Dios tardó 400 años en cumplir la promesa que hizo en Éxodo 17:14 de borrar a los amalecitas. Dios tarda, pero no olvida, y siempre llega en Su tiempo. Hemos pasado por enfermedades, dificultades económicas, hijos descarriados o esterilidad y Dios ha actuado en cada circunstancia. Como nos dijo Jesús, tengamos paz, mientras estemos en este mundo habrá tribulaciones, así que no nos preocupemos sino tengamos la certeza de que ya tenemos la victoria. Presentemos todo a Dios en oración y recibamos paz en la mente y en el corazón.

Estaré Contigo

Hay una frase en la Biblia que me llama la atención, cuando Dios da una asignación y dice "estaré contigo". Se lo dijo a Isaac y a Jacob. Cuando se le aparece a Moisés y lo envía a liberar a su pueblo, Moisés tiene la misma reacción que muchos de nosotros. ¿Quién soy yo? (Éxodo 3:11). El tema es que lo importante no es quién soy yo, sino quién está conmigo. Dios hace la gran diferencia.

Muchos sólo vemos nuestras incapacidades. Me identifico con Moisés. Tenía muchas inseguridades, temores, temor al público y un conocimiento limitado de Dios. Me sentía incómoda con mi asignación y quise escapar de muchas maneras, pero Dios no me dejó. Dios tuvo conmigo una paciencia increíble. Siempre estuvo a mi lado y soy producto de su mano de alfarero.

Dicen que Dios no te da una asignación que podás realizar en tus fuerzas, para que tengás que depender de Él. Sacar a los israelitas de Egipto era misión humanamente imposible, pero Dios la hizo posible, desplegando su poder y humillando a los dioses egipcios.

"A Josué, hijo de Nun, el Señor le dio la siguiente orden: «Ten valor y firmeza, porque tú eres quien hará entrar a los israelitas en el país que les he prometido, y yo estaré a tu lado.»" (Deuteronomio 31:23 DHH)

El Señor estuvo con Josué y le ayudó a conquistar la tierra y repartirla. Dios estuvo desde la caída de los muros de Jericó, pasando por parar el sol, hasta el final de la vida de Josué, cuando reconoce que Dios cumplió todas las promesas (Josué 23:24). Sólo hubo un momento en que el Señor lo dejó solo, fue en la conquista de una ciudad pequeña, Hai, donde el ejército israelí fue derrotado. ¿La razón? Habían desobedecido a Dios, un hombre había caído en la trampa del amor a las riquezas. Nuestro Dios es Dios celoso y no permite que nada ocupe el lugar que a Él le pertenece en nuestro corazón.

He aprendido a depender de Dios en todo. Yo daba servicio de levantado de textos y diagramación. Recuerdo que, en una ocasión, firmé un contrato para entregar un libro en cierto tiempo. Hice mis cálculos y estaba sobrada de tiempo. Pero el primer día no avancé a como esperaba. El segundo día tampoco. Tuve que pedirle perdón a Dios por creer que podía sola y pedir su ayuda. A partir de ese momento pude avanzar a como esperaba y entregar a tiempo. Aprendí que aún en lo que me creo capacitada, debo depender de Él.

¡Qué alivio tener a alguien siempre a tu lado que te ayuda en lo fácil y en lo imposible!

También en las situaciones difíciles Dios nos ayuda, ya sea un vacío existencial, falta de provisión, enfermedades, hijos rebeldes, matrimonios difíciles, amistades que se alejan, situaciones inesperadas.

Moisés estaba tan consciente de la importancia de la presencia de Dios que le dijo: *"Si tu presencia no va con nosotros, no nos hagas partir de aquí. ¿Pues en qué se conocerá que he hallado gracia ante tus ojos, yo y tu pueblo? ¿No es acaso en que tú vayas con nosotros, para que nosotros, yo y tu pueblo, nos distingamos de todos los demás pueblos que están sobre la faz de la tierra?"* (Éxodo 33:15-16 LBLA).

David era otro que valoraba la presencia de Dios: *"No me eches de tu presencia, y no quites de mí tu santo Espíritu."* (Salmo 51:11 LBLA)

Valoremos esa presencia, no tengamos otros dioses delante de Él. No sucumbamos, como Acán, ante las riquezas. La presencia de Dios con nosotros nos diferencia del común de los humanos.

Antes de partir de la tierra, Jesús dio lo que se conoce como la gran comisión: *"Vayan, pues, a las gentes de todas las naciones, y háganlas mis discípulos; bautícenlas en el nombre del Padre, del Hijo y del Espíritu Santo, y enséñenles a obedecer todo lo que les he mandado a ustedes. Por mi parte, yo estaré con ustedes todos los días, hasta el fin del mundo."* (San Mateo 28:19-20 DHH94I)

Todos tenemos esa asignación, de ser testigos, y Jesús nos promete estar con nosotros. Quiere decir que no será en nuestras fuerzas, sino en el poder del Espíritu Santo. Dios no quiere nuestra autosuficiencia, sino nuestra total dependencia de Él.

Con Amor Eterno

¡Soy amada! Mi papá adoptivo es el creador de todo lo que existe. Suya es la tierra y su plenitud. Extiende el cielo como una cortina. Puede medir el océano con la palma de su mano. Llama a cada una de las estrellas por su nombre. Es dueño del oro y de la plata. Pero, a pesar de todo eso, le faltaba yo. Necesitaba alguien sobre quien derramar su amor. Por amor, me predestinó para ser adoptada como hija suya (Efesios 1:5). Recuerdo que, cada vez que le decía a mi papá terrenal que lo quería mucho, me contestaba: "yo te quiero más". Mi papá adoptivo me ama más de lo que yo pueda imaginar. Por eso quiero agradarlo y aprender a conocer Su voluntad, lo que es bueno, lo que le es grato, lo que es perfecto (Romanos 12:2).

No sólo tengo un padre que me ama con amor eterno, también estoy comprometida para casarme con el que ama mi alma (2 Corintios 11:2). No me escogió por tener las medidas perfectas, ni por ser inteligente, ni deslumbrante. En realidad, cuando lo conocí, yo era esclava y pagó el precio para mi liberación. Lo único que quiere de mí es que le sea fiel y tenga ojos sólo para El (2 Corintios 11:3). En vez de un anillo de compromiso, me dio al Espíritu Santo para que me enseñe a vivir de la manera que a Él le agrada.

Pero hay un enemigo de mi prometido que quiere apartarnos, para que no llegue a la boda. Hace tiempo, ese mismo enemigo engañó a Eva haciéndola comer una fruta prohibida. Eva perdió su lugar y yo no quiero perder el mío. El enemigo nos engaña al halagar nuestro ego, poner en nosotros soberbia, rebeldía, amor al dinero. Nos incita a buscar el dinero para satisfacer nuestras necesidades y deseos, porque nos da la sensación de autosuficiencia, a pesar de que ya Dios nos ha dicho que cuida de nosotros y suple nuestras necesidades, pero no nos gusta depender de Dios, ni esperar Su tiempo (Mateo 6:25-33, Hebreos 13:5).

"Porque todos los males comienzan cuando solo se piensa en el dinero. Por el deseo de amontonarlo, muchos se olvidaron de obedecer a Dios y acabaron por tener muchos problemas y sufrimientos." (1 Timoteo 6:10 TLAI)

Mi amado entregó su vida por mí y quiere que yo le entregue la mía. Me dice que me niegue a mí misma. No es fácil, pero me dio al Espíritu Santo para que me ayude. También me revela las mentiras del enemigo para que no caiga en sus trampas.

¡Soy amada! El amor de Dios me ha hecho sentirme aceptada, especial, completa. Saber que Dios me ama y se ocupa de mí, que me protege y me provee, me da paz, seguridad y gozo. Sé que no tengo que hacer nada para impresionar a Dios, ni para que me ame más. Lo amo por todo lo que ha hecho por mí, y el amor lleva en sí obediencia (Romanos 6:22).

Espero el momento en que voy a abandonar este cuerpo y estar cara a cara con mi amado Jesús en Su reino. ¿No les había dicho? Es Rey de reyes y Señor de señores. A mí me gustaban mucho los cuentos de hada. Esta maravillosa historia va a terminar así: "Se casaron y vivieron felices por la eternidad".

El Señor es mi Pastor

Un día recibí una llamada telefónica: «Dice Dios que nos reunamos las mujeres.» Aunque estaba consciente de que a Dios se le obedece, significaba dejar mi comodidad para entrar a un mundo para mí desconocido, lleno de retos e incertidumbres.

Nunca me gustó ser la cabeza, pero cada vez que veía a alguna persona que podría asumir el liderazgo, Dios la apartaba del grupo. No teníamos un manual, ni ningún modelo a seguir. En la primera reunión nos vimos las caras, y ahora ¿qué hacemos? Hubo que dar forma a las reuniones y después a los seminarios. No fue de un día para otro, el modelo fue mejorando a lo largo de los años. Dios me fue enseñando poco a poco. Fui lenta, porque tenía demasiados temores. Dios tuvo que hacer conmigo como hacen las águilas con sus polluelos: lanzarme fuera del nido. Es maravilloso comprobar que Dios no me dejó estrellarme contra el piso, siempre me sostuvo.

Atrás quedó el temor de hablar en público, también el temor de orar por otras personas. Otro temor era el de tomar decisiones equivocadas como líder. Me ayudó mucho cuando escuché una explicación del salmo 23 sobre la frase tu vara y tu cayado me infundirán aliento. Decía que el cayado sirve para rescatar a las ovejas que están en dificultades. Eso quería decir que, si me desviara, si me encontrara en una situación difícil, la vara y el cayado me harían regresar al camino correcto.

La responsabilidad que sentía sobre mis hombros me obligaba a buscar de Dios, para recibir guía, para conocerlo, para conocer Su palabra. Pude ver Su mano de mil maneras diferentes, en sanidades, en provisión, en respaldo. Fue una aventura maravillosa y enriquecedora. Dios llevó el grupo a estar en los primeros lugares de la organización a nivel mundial.

Hubo un cambio de escenario. Ahora ya no tengo responsabilidades, pero sigo buscando de Dios por el placer de Su presencia. Son tiempos en los que Dios me enseña. Cada enseñanza o revelación, siento la necesidad de compartirla, ya que me parece que no es para quedármela. En Facebook he encontrado la manera de compartirlas desde la comodidad de mi hogar, sin cámaras, sin ser el foco de atención. Cuando Dios me inquieta, escribo.

Creo que estoy viviendo mis mejores tiempos, tiempos de amores. Escuchaba hoy una charla que decía que lo importante no son los títulos ni los logros, sino la relación con Jesús. Hoy tengo más tiempo para leer la Biblia y estoy más relajada para escuchar de Dios. También para recibir de Su amor. Aunque el mundo está angustiado, ansioso, deprimido, en incertidumbre o temor, yo vivo en un oasis. ¿Qué me puede pasar que Dios no pueda ayudarme? Ya no le temo a la muerte, sé que va a ser un encuentro con el Amado. Hoy sé que el Dios Omnipotente me ama y cuida de mí. Sé que me provee, me defiende, me acompaña. También sé que tiene cuidado del hoy y del mañana y que puedo descansar tranquila en sus brazos. Hoy entiendo a David cuando escribió *"El Señor es mi pastor; nada me falta."* (Salmos 23:1 DHH). Te invito a venir a Su presencia y a dejar todo temor, toda preocupación, toda angustia en Sus manos. *"No se aflijan por nada, sino preséntenselo todo a Dios en oración; pídanle, y denle gracias también. Así Dios les dará su paz, que es más grande de lo que el hombre puede entender; y esta paz cuidará sus corazones y sus pensamientos por medio de Cristo Jesús."* (Filipenses 4:6-7 DHH)

El Señor Calmará Todos tus Temores

Viví muchos años de mi vida presa del temor. Durante mi niñez y mi adolescencia, los meses de vacaciones los pasábamos en la finca. Recuerdo que iba con mis hermanos a cortar frutas. Yo no me atrevía a subirme a los árboles, por la posibilidad de que se quebrara la rama y me cayera, así que miraba desde abajo y me conformaba con lo que me regalaran. Cuando íbamos a pasear a caballo, me daba horror galopar, por la posibilidad de caerme. Así recuerdo mi infancia, inhibiéndome de muchas cosas por el temor.

Después del terremoto de Managua, sumé el miedo a los terremotos. Pasaron años para que pudiera dormir con la puerta de mi dormitorio cerrada, porque me aterraba quedarme encerrada. Tenía miedo a casi todo, mezclado con pesimismo, porque en cada situación, pensaba en lo peor que me podía pasar.

Cuando comenzamos nuestro caminar con Dios, mi marido me decía que confiara en Dios. Teníamos pleitos diarios porque él se iba a servir de noche y yo me quedaba muerta de miedo y con la responsabilidad de mis hijos. Leí el salmo 127 donde dice que si el Señor no protege la ciudad, de nada sirve que vigilen los centinelas. Yo quería creer que Dios me cuidaba, pero mi lógica me impedía creer. Me hacía miles de preguntas. ¿Será cierto que Dios me cuida? ¿Cómo lo va a hacer? ¿Y si me confío y no es cierto?

Dios tuvo compasión de mí y una noche en que acompañé a mi marido, el celador del vecino vio a un hombre alto, vestido de blanco en la puerta de mi casa. Supe que Dios permitió que vieran un ángel cuidando mi casa. Ya podía dormir tranquila, pero había otros temores.

Yo me sentía segura estando con mi papá. Fue boxeador, yudoca, tirador con rifle, pistola y arco. Muy hábil en muchas cosas, sabía un poco de todo. Así que yo lo veía como un súper héroe. Dios me empezó a hablar, me decía que Él era mi papá y que me debería de sentir tan segura con Él, como me sentía con mi papá. Todavía más, porque Dios era más fuerte, más sabio y con más recursos. Además, Dios no iba a envejecer. Me costó, fui poco a poco. Dios me fue demostrando Su fidelidad, Su amor, Su protección. Mi papá partió de este mundo a su morada celestial, pero yo no quedé huérfana.

Hoy disfruto la paternidad de Dios. No hay mejor sensación que saber que tu vida está en manos de Dios. ¿El futuro? Dios ya está en el futuro. ¿Peligros? Me ha librado muchas veces. ¿Enfermedades? He visto su sanidad.

Hoy puedo vivir la vida, ya no estoy paralizada por el temor. Duermo tranquila, no me preocupo por nada. Qué hermoso saber que el ser más poderoso que existe en el universo me ama y cuida de mí. No se duerme ni se cansa. Está pendiente hasta de los detalles más pequeños y anticipa las cosas. ¡Conoce el futuro!

Hago mía esta palabra: *"Pues el SEÑOR tu Dios vive en medio de ti. Él es un poderoso salvador. Se deleitará en ti con alegría. Con su amor calmará todos tus temores. Se gozará por ti con cantos de alegría»."* (Sofonías 3:17 NTV)

Realmente, con Su amor ha calmado todos mis temores. No es

que el temor ya no exista, pero cuando quiere asaltarme, recuerdo en quién he puesto mi confianza.

DIOS RESPONDE A TU NECESIDAD

Los religiosos de la época le pedían señales a Jesús. Jesús no se las dio. Yo también pedí señales y tampoco me las dio. Recuerdo que, cuando comenzaba, yo escuchaba que Dios provee. Esa es un área difícil, creer que Dios te puede dar todo lo necesario. Normalmente confiamos en el trabajo, en el negocio o en cualquier fuente de ingreso que podamos tener. O en los ahorros. Eso de que Dios proveyera era nuevo para mí. Yo quería comprobarlo y ¿por qué negarlo? con un poquito de codicia le pedí a Dios que me demostrara que proveía. Para demostrarlo pedía que me llenara un monedero de dinero. En mi mente veía el monedero lleno de billetes de cien dólares.

Por la tarde había que comprar leche, en mi familia consumimos mucha leche, así que le di a la joven que colaboraba en el hogar un billete grande para ir por la leche. Cuando regresó, me dijo que no tenían billetes para dar vuelto, sólo monedas y con esas monedas se me llenó el monedero. Me reí a más no poder. En ese tiempo Dios me gastaba muchas bromas. Creo que yo vivía muy atareada con el negocio, los hijos, el ministerio así que Dios se encargaba de poner una nota de buen humor.

Todavía recuerdo el fin de año de 1998 cuando Dios me dijo que Él era mi proveedor, que me iba a proveer aquí y en la China. Que no pusiera mi confianza en el dinero, que el dinero va y viene, pero Él permanece para siempre. Quería que no me aferrara al dinero, que lo viera como cualquier papel, que mi confianza tenía que estar en Dios.

El proceso fue largo y difícil. Parece que fui una alumna lenta. Hay que tener necesidad para poder experimentar la provisión sobrenatural de Dios. Así que llegó el tiempo de necesidad.

Durante ese tiempo, Dios siempre suplió, desde la comida, la educación de mis hijos, los servicios básicos, la ropa. Nunca me apareció dinero de la nada, pero sí pude ver cada necesidad suplida, de mil maneras diferentes. Yo siempre digo que Dios es muy creativo. No usa la misma manera, ni la misma persona para que no quitemos los ojos de Dios y los pongamos en personas.

Hoy agradezco a Dios por el proceso vivido, porque mi confianza está en el Dios Proveedor. En este tiempo de incertidumbre en que vivimos, cuando se oyen tantas predicciones de hambre, de depresión económica, de desempleo o de colapso de la economía, no me preocupo por el mañana. Mi Dios está en ese mañana. Si hasta el día de hoy no ha faltado la comida en mi mesa, sé que no faltará mañana porque Dios no cambia.

Jesús hizo muchos milagros, desde transformar el agua en vino, multiplicar los panes y los peces, sanar muchísimos enfermos, hasta resucitar a Lázaro y al hijo de la viuda. Ninguno fue para satisfacer la curiosidad de la gente, sino movido a compasión por su necesidad. En mi caso, Dios no respondió a mi curiosidad, pero sí a mi necesidad, cualquiera que ella fuese.

JESÚS PELEA POR MÍ

Muchas veces escuché que soy una guerrera, que tengo que derrotar a Satanás, que ponga su cabeza debajo de mis pies y cosas por el estilo. En cambio en la Biblia leo palabras como resistir (Santiago 4:7, 1 Pedro 5:9), permanecer (Juan 15:6, Colosenses 1:23), estar firmes (Efesios 6:13) o tener paciencia (Romanos 5:3, Colosenses 1:11, Hebreos 10:36, Santiago 5:7).

Me gusta mucho Apocalipsis porque me cuenta el final feliz de la historia. Las siete cartas a las iglesias terminan con una frase que dice "al que venciere", seguida por una promesa. En la *Traducción Lenguaje Actual* dice: "*Los que triunfen sobre las dificultades y sigan confiando en mí.*" Dificultades siempre habrá mientras estemos en este mundo caído. Dios no nos libra de las dificultades, sino que nos ayuda a atravesarlas. ¿Cómo las atravesamos? Confiando. Jesús dijo que en el mundo tendríamos aflicciones pero que confiáramos porque El venció al mundo. (Juan 16:33).

El que venció y vencerá es Jesucristo. Nuestro trabajo es permanecer en El, creer en El, obedecerlo. No tenemos que hacerle guerra a Satanás sino resistirlo, no aceptar sus mentiras ni permitir que nos haga dudar de Dios. Confiar en Dios hasta el final. La confianza se desarrolla conociendo a Dios personalmente, ya sea leyendo Su palabra o pasando tiempo en Su presencia.

Yo creo que el libro de Job está en la Biblia para ejemplo. Cuando Dios se refiere a Job dice: *"no hay otro como él en la tierra, varón perfecto y recto, temeroso de Dios y apartado del mal."* (Job 1:8 RVR 1960). Satanás pide permiso para tentarlo y Job es tocado en sus finanzas, su familia y su salud. Su esposa le dice que maldiga a Dios. Sus amigos lo acusan de pecados ocultos. Sin embargo, Job mantuvo su confianza en Dios, de modo que su nombre es sinónimo de paciencia. Paciencia, del latín *pati*, significa sufrir. El *diccionario RAE* define paciencia como *"Capacidad de padecer o soportar algo sin alterarse"*.

Volviendo a Apocalipsis, leemos que a la bestia *"se le permitió hacer la guerra a los santos y vencerlos, y se le dio autoridad sobre toda raza, pueblo, lengua y nación"* (Apocalipsis 13:7 NVI), pero sólo por 42 meses. ¿Qué es lo peor que nos puede pasar? Que nos maten. Jesús dijo: *"No tengan miedo de los que matan el cuerpo pero no pueden matar el alma; teman más bien al que puede hacer perecer alma y cuerpo en el infierno."* (Mateo 10:28 DHH). No temamos la muerte. La muerte no es el fin. Hay un gran premio para los que mueran en la tribulación. *"Vi también las almas de los que habían sido decapitados por causa del testimonio de Jesús y por la palabra de Dios. No habían adorado a la bestia ni a su imagen, ni se habían dejado poner su marca en la frente ni en la mano. Volvieron a vivir y reinaron con Cristo mil años. Dichosos y santos los que tienen parte en la primera resurrección. La segunda muerte no tiene poder sobre ellos, sino que serán sacerdotes de Dios y de Cristo, y reinarán con él mil años"* (Apocalipsis 20:4-6 NVI). La batalla final la pelea Jesús, Él solo basta. Nosotros seremos simples espectadores (Apocalipsis 19:11-21). San Pablo lo dice en pocas palabras: *"Entonces aparecerá ese hombre maligno y el Señor Jesús lo matará de un solo soplo."* (2 Tesalonicenses 2:8 PDT)

No queramos pelear batallas que no nos corresponden. ¿Recuerdan la pelea de David y Goliat? Goliat pedía un hombre que peleara contra él y el ganador definiría la batalla. Jesús es nuestro campeón, el que pelea por nosotros y define el resultado de la batalla.

Sometámonos a Dios, dependamos de Él. Dejemos nuestra autosuficiencia, nuestro orgullo, desarrollemos una relación con El y dejemos que nos defienda. Conozcamos la Verdad para no caer en el engaño. Cierro con las palabras de San Pablo a Timoteo: *"Pero no pierdas la calma, soporta los sufrimientos y dedícate a contar la buena noticia y a cumplir los deberes de un siervo de Dios."* (2 Timoteo 4:5 PDT)

Cuando Dios Dirige tus Pasos

Desde niña me enseñaron de Dios. Como buena alumna que era, me aprendí todas las preguntas y respuestas acerca de Dios. La noción que tenía de Él era que estaba arriba en el cielo y yo en la tierra. Creía que me escuchaba, pero que estaba muy ocupado para molestarlo con cosas pequeñas. También sabía que existían los milagros, pero estaban reservados para personas muy especiales.

Algo que me quedó muy grabado de esas enseñanzas de niña era que a Dios se le obedece.

En los años 80, como miles de nicaragüenses, emigramos a Honduras. Para finales de esa década ya estábamos establecidos. Teníamos un negocio próspero, vivíamos bien. Acabábamos de recibir nuestras residencias americanas y nos preparábamos para vender todo e irnos a vivir a Estados Unidos. Una noche mi marido llegó a casa y me dijo que había estado comentando con su líder espiritual sobre nuestro viaje. El líder le dijo que oráramos para pedir dirección a Dios, porque no creía que nuestro viaje fuera para Estados Unidos. Esa noche nos arrodillamos en la sala y le pedimos dirección a Dios. A través de un versículo de la Biblia, Dios nos dijo que el viaje era a la tierra de nuestros padres: Nicaragua.

Después de pedir y recibir señales de confirmación, Humberto se dispuso a obedecer. A mí me costó más, no veía ningún futuro en Nicaragua. Además, la organización que Humberto iba a comenzar en Nicaragua no aceptaba mujeres. Me resistí por un tiempo, hasta que tuve que ceder y moverme para Nicaragua. No tenía ni idea de lo que Dios tenía preparado para mí.

Llegar a la Nicaragua de 1991 fue muy difícil, todo escaseaba y lo poco que había era carísimo. Sin una fuente de ingresos, sin nuestros ahorros porque mi marido los había invertido en el Reino, sin trabajo, con tres hijos y embarazada del cuarto. Además, para esas alturas, mi marido y yo no teníamos nada en común. Él quería servir a Dios de tiempo completo, tenía su mirada en lo eterno. Yo, en cambio, miraba lo práctico, hijos que alimentar y vestir, escuelas que pagar. Pensaba que mi esposo estaba loco, así que como mujer práctica e inteligente debía regresar a Tegucigalpa donde había un negocio caminando, donde tenía una vida hecha: buenas escuelas, buenos médicos, buenas amigas.

Pero... Los peros cambian todas las cosas. Decidí poner mi decisión en manos de Dios, como veía hacer a mi esposo. Le presenté mi maravilloso plan a Dios, le puse todos los pros y le dije que, si no estaba de acuerdo, que impidiera mi viaje. Lo hizo.

Como les dije antes, creía en la existencia de Dios, pero no creía que se involucrara en los problemas individuales. Me sorprendió que me respondiera impidiendo mi viaje. Más porque me impidió seguir con mi plan perfecto que por fe, empecé a pedir por mis necesidades. «Señor, mandame $40 para comprar arroz y frijoles para dar de comer a mis hijos.» Al rato llegó a mi casa un conocido al que hacía trabajos en Honduras y me pidió le imprimiera un documento. No había podido encontrar a nadie que pudiera abrirle el archivo. Probé, pude abrir el documento, lo imprimí y llamé a una persona en ese tipo de negocio para que me asesorara cuánto cobrar: exactamente $40. A partir de allí comenzó mi experiencia personal con Dios.

Ahora que ha pasado el tiempo y puedo ver atrás, puedo decir que cuando dejamos que Dios dirija nuestros pasos, nos va a ir bien. Pude comprobar la verdad de Isaías 55:8-9 "*«Porque mis pensamientos no son los de ustedes, ni sus caminos son los míos —afirma el Señor—. Mis caminos y mis pensamientos son más altos que los de ustedes; ¡más altos que los cielos sobre la tierra!*" (Isaías 55:8-9 NVI). Haber decidido que Dios dirigiera mis pasos fue el comienzo para que Dios empezara a trabajar en mi vida. Ha valido la pena porque me liberó de temores e inseguridades. Dejé atrás las dudas, las incredulidades, el raciocinio humano. Pude conocer a un Dios personal, un Dios amoroso y misericordioso, a la vez que poderoso. Nunca pensé que una decisión tuviera tantas consecuencias. Pero en el Reino de Dios, todo comienza con una decisión. Te invito a tomar la decisión de que sea Dios el que dirija tus pasos.

¿Cómo Afrontar una Crisis?

Yo viví mi propia crisis a finales del año 2019. Fui apartada de la organización que comencé hacía 27 años, a la que junto con mi marido fui dando forma, a la que dediqué mis años productivos y para la que trabajábamos a tiempo completo, sin salario. No sólo eso, mi círculo social estaba allí y toda la gente que conocía. De pronto me encontré sola, con todo el tiempo libre y sin proyecto de vida. Les comparto mi experiencia en afrontar la crisis por si a alguien le sirve.

En los momentos de crisis es cuando más necesitamos buscar de Dios. Con las emociones disparadas y miles de ideas en la cabeza, Dios pondrá orden en ese caos. Desde el principio, cuando la tierra estaba desordenada y vacía, Dios comenzó a ordenar el caos. Si no sabés cómo orar, escuchá alabanzas, leé la Biblia, ocupá tu mente en algo positivo. En mi caso, las alabanzas hacen maravillas. Las escucho todo el día y si hay una que me toque de manera especial, la repito una y otra vez.

La segunda cosa es ayudar a otros, quitar el enfoque de vos

mismo y mirar a tu alrededor. En mi caso, mi marido necesitaba de mí. Para él fue un golpe durísimo y coincidió con complicaciones en su salud. Enfocarme en él con incontables visitas a médicos y varios días en el hospital hacía que me olvidara de mí. Además de Dios, mis hijos y yo éramos su único soporte emocional y espiritual.

Lo tercero es buscar actividades. En mi caso, tenía muchas enseñanzas en video que no había podido ver. Con todo el día libre, me dediqué a leer y ver videos. Orar y escuchar alabanzas. Dios llenó mi vida y el ambiente de mi casa. Mi lectura favorita es la Biblia y puedo pasar horas en esa actividad.

Cuarto, aceptar Su voluntad. San Francisco oraba pidiendo serenidad para aceptar lo que no podemos cambiar. Un profeta me dijo que debía ser como una hoja seca en un río y dejarme llevar por Dios sin oponer resistencia. Descubrí que ese era el secreto de la paz. Abandonarme en los brazos de Dios, como aquel poema de las huellas en la arena, dejar que Jesús me cargue, entregarle el control total.

Quinto, saber que todo pasará. Hay un dicho que dice que no hay mal que dure cien años ni cuerpo que lo resista. Eso es muy importante, saber que pasará.

Sexto, creer que lo mejor está por venir. Yo creo en las profecías y me he aferrado a ellas. Sé que Dios tiene algo nuevo preparado para mí. Mi vida no se ha acabado, al contrario, entro en una nueva etapa, con mucha experiencia acumulada.

Séptimo, tener compañeros de oración. Tener, aunque sea un amigo que te dé apoyo emocional y espiritual, con quien platicar tus inquietudes. En estos tiempos, hay muchas herramientas tecnológicas para estar en contacto. Hagamos uso de ellas, velando en oración los unos por los otros. Para mí, este punto fue importantísimo, contar con amigas con quienes orar, llorar, reír y tomar café. Amigas que decidieron permanecer a mi lado en las buenas y en las malas. Desde el fondo de mi corazón bendigo sus vidas.

Hoy entiendo lo que decía el profeta Habacuc: *"Aunque la higuera no florezca, ni haya frutos en las vides; aunque falle la cosecha del olivo, y los campos no produzcan alimentos; aunque en el aprisco no haya ovejas, ni ganado alguno en los establos; aun así, yo me regocijaré en el Señor, ¡me alegraré en Dios, mi libertador! El Señor omnipotente es mi fuerza; da a mis pies la ligereza de una gacela y me hace caminar por las alturas."* (Habacuc 3:17-19 NVI)

Vamos por las Almas

Con el tiempo, las memorias se van difuminando y se hacen inciertas. Por eso Dios mandaba a su pueblo a hacer memoriales. Hoy quiero recordar algo trascendente que sucedió a partir de un martes 4 de mayo de 1999.

Empezaré a contar desde el año anterior, en la Cumbre Iberoamericana en San Pedro Sula. Durante el evento de México, Guadalupe Lozano, presidente de FIHNEC México en ese entonces, le pidió a Humberto compartir la visión del ministerio. Para los que no conocen la visión, Demos Shakarian, fundador de FIHNEC, tuvo una visión de parte de Dios. Vio el mundo girar y a millones y millones de personas de pie, aislados, con sus miradas fijas, sin vida y sus manos encadenadas. Parecían congelados por una tormenta invernal. Demos clamó para que Dios los ayudara. La tierra giró una segunda vez, el hielo se había derretido, las cadenas estaban rotas, con sus manos levantadas adoraban a Dios y estaban unidos en una comunidad de amor.

Humberto estaba en la plataforma y, en un momento, se apartó y se fue a una esquina. Cuando lo vi, supe que Dios le estaba hablando. En efecto, Dios le habló, por eso la visión que compartió fue diferente a lo que se acostumbraba en ese entonces. Dijo que en ese local estábamos los de la segunda parte de la visión, los que levantaban las manos para adorar a Dios. Afuera, en las calles, están los de la primera parte, los que están muertos espiritualmente. La visión es la gente espiritualmente muerta que recibe vida.

Lo segundo que recuerdo fue en el cierre. Hubo quienes vieron ángeles corriendo en el techo del salón. Don Richard Shakarian, el

Presidente Internacional, dijo que los ángeles anticipaban la llegada de Jesús. Él tuvo la visión de Jesús pasando revista a su ejército.

En enero de 1999 fuimos convocados a una reunión en Miami. Allí don Richard Shakarian compartió que Dios quería llevarnos a otro nivel. La visión que su padre había visto era de millones de personas, y no estábamos llegando a los millones. Había que hacer algo nuevo, ir a la gente. La idea era formar un ejército internacional que iba a ir de nación en nación buscando la gente. En oración decidió que el primer país sería Nicaragua. La fecha, 3 de mayo.

Como esto era algo nuevo, todos los días a las 5 am se reunía un grupo de hombres a orar para que Dios revelara las estrategias. Dios le dio una visión a Humberto de un capítulo, en cierto momento las paredes del lugar se abatían, como que tuvieran bisagras, y la gente salía a las calles. Cuando regresaban, las paredes volvían a levantarse. Entendió que al ir a la calle, íbamos a compartir nuestro testimonio.

La semana antes del 3 de mayo fue una semana de mucha turbulencia. Sindicato tras sindicato se fue a la huelga. El país estaba paralizado, el aeropuerto cerrado. Quemas de llantas en cada esquina. Recuerdo que el domingo en la noche, en un noticiero, el comandante Ortega dijo que sólo Dios paraba esa huelga. Intensificamos la oración para que terminara la huelga y Dios lo hizo milagrosamente. Dios escuchó esas oraciones y, contra todo pronóstico humano, la huelga paró de la noche a la mañana. El martes 4 de mayo de 1999 pudimos comenzar el trabajo. Fuimos a compartir testimonio de lo que Dios había hecho en nuestras vidas en escuelas, negocios, Ministerios de Gobierno y mercados.

Se calculaba que iban a venir a ayudarnos unas 5.000 personas de todo el mundo. Creo que no vinieron ni 200. El país no tenía infraestructura hotelera para tanta gente. Nosotros no éramos muchos en aquel entonces. No teníamos manera de transportarlos. Pero Dios siempre tiene el control. Nos tocó fajarnos y realizar los eventos nosotros mismos. Se hizo en los pocos departamentos donde había capítulos. Al final de la semana, 98.000 personas habían confesado a Jesús.

Eso fue el comienzo, cada año, durante una semana o diez días, salíamos a compartir testimonio donde estaba la gente: escuelas, mercados, oficinas, centros deportivos, parques, buses. La cifra fue incrementando cada año. En el año 2019, en circunstancias difíciles, tan difíciles que creímos que no se iba a poder hacer nada, Dios dio la estrategia para las nuevas circunstancias. Cada uno en su ciudad, sin grandes movilizaciones. Cada capítulo responsable de su ciudad. Logramos sobrepasar el millón de personas. Llevamos el mensaje de Jesucristo a 1.200.582 personas.

Recientemente escuché la prédica de Dante Gebel titulada La Cajita. Allí dice que después del coronavirus nada va a ser igual. La iglesia va a tener que cambiar y ser como el río de Ezequiel que sale del altar y recorre la ciudad, que se va haciendo cada vez más ancho y trae vida a todo lo que toca. Tiene que haber un nuevo modelo de evangelización.

El río debe correr. Nosotros somos ese río, llevando vida eterna. Este es el tiempo de los laicos. Debemos ir sin colores ni banderas. Sólo con un corazón que late por los perdidos, a como late el corazón de Dios. Por veinte años hemos estado trabajando con laicos de diferentes denominaciones religiosas, diferentes actividades económicas, diferentes nacionalidades, unidos únicamente por el amor a Dios y a las almas. Hemos ido a las ciudades y al campo, a las plazas, a los negocios, a las escuelas y universidades para compartir nuestra experiencia personal con Jesús. Sólo necesitamos ir con amor, con valentía y en el poder el Espíritu Santo. Él está al frente del evangelismo mundial.

Como cuando iniciamos, hay que buscar a Dios en oración, para que nos guíe en estos tiempos difíciles. El tiempo se acaba y millones esperan por nosotros.

Nosotros estamos listos para seguir trabajando en la cosecha de almas. Listos para transmitir nuestra experiencia, para dar entrenamiento y acompañamiento.

CITAS BÍBLICAS

NVI

"—Cree en el Señor Jesús; así tú y tu familia serán salvos —le contestaron." (Hechos 16:31 NVI)

"—Si alguien quiere ser mi discípulo, tiene que negarse a sí mismo, tomar su cruz y seguirme. Porque el que quiera salvar su vida, la perderá; pero el que pierda su vida por mi causa, la encontrará. ¿De qué sirve ganar el mundo entero si se pierde la vida? ¿O qué se puede dar a cambio de la vida?" (Mateo 16:24-26 NVI)

"El que salga vencedor heredará todo esto, y yo seré su Dios y él será mi hijo." (Apocalipsis 21:7 NVI).

"pues por falta de conocimiento mi pueblo ha sido destruido." (Oseas 4:6 NVI)

"¡Te alabo porque soy una creación admirable! ¡Tus obras son maravillosas, y esto lo sé muy bien!" (Salmo 139:14 NVI)

"se le permitió hacer la guerra a los santos y vencerlos, y se le dio autoridad sobre toda raza, pueblo, lengua y nación. (Apocalipsis 13:7 NVI)

"Vi también las almas de los que habían sido decapitados por causa del testimonio de Jesús y por la palabra de Dios. No habían adorado a la bestia ni a su imagen, ni se habían dejado poner su marca en la frente ni en la mano. Volvieron a vivir y reinaron con Cristo mil años. Dichosos y santos los que tienen parte en la primera resurrección. La segunda muerte no tiene poder sobre ellos, sino que serán sacerdotes de Dios y de Cristo, y reinarán con él mil años (Apocalipsis 20:4-6 NVI).

«Porque mis pensamientos no son los de ustedes, ni sus caminos son los míos —afirma el Señor—. Mis caminos y mis pensamientos son más altos que los de ustedes; ¡más altos que los cielos sobre la tierra! (Isaías 55:8-9 NVI)

"Aunque la higuera no florezca, ni haya frutos en las vides; aunque falle la cosecha del olivo, y los campos no produzcan alimentos; aunque en el aprisco no haya ovejas, ni ganado alguno en los establos; aun así, yo me regocijaré en el Señor, ¡me alegraré en Dios, mi libertador! El Señor omnipotente es mi fuerza; da a mis pies la ligereza de una gacela y me hace caminar por las alturas." (Habacuc 3:17-19 NVI)

DHH

"Es decir, que por la desobediencia de un solo hombre, muchos fueron hechos pecadores; pero, de la misma manera, por la obediencia de un solo hombre, muchos serán hechos justos." (Romanos 5:19 DHH)

"Muchos de los habitantes de aquel pueblo de Samaria creyeron en Jesús por lo que les había asegurado la mujer: «Me ha dicho todo lo que he hecho.»" (Juan 4:39 DHH)

"No tengan miedo de los que matan el cuerpo pero no pueden matar el alma; teman más bien al que puede hacer perecer alma y cuerpo en el infierno." (Mateo 10:28 DHH)

"Si tienes que pasar por el agua, yo estaré contigo, si tienes que cruzar ríos, no te ahogarás; si tienes que pasar por el fuego, no te quemarás, las llamas no arderán en ti." (Isaías 43:2 DHH94I)

"Cuando el faraón dejó salir al pueblo israelita, Dios no los llevó por el camino que va al país de los filisteos, que era el más directo, pues pensó que los israelitas no querrían pelear cuando tuvieran que hacerlo, y que preferirían regresar a Egipto." (Éxodo 13:17 DHH94I).

"Sean prudentes y manténganse despiertos, porque su enemigo

el diablo, como un león rugiente, anda buscando a quien devorar. Resístanle, firmes en la fe, sabiendo que en todas partes del mundo los hermanos de ustedes están sufriendo las mismas cosas." (1 Pedro 5:8-9 DHH94I)

"Yo estoy contigo; voy a cuidarte por dondequiera que vayas, y te haré volver a esta tierra. No voy a abandonarte sin cumplir lo que te he prometido.»" (Génesis 28:15 DHH)

"pues es Dios quien nos ha hecho; él nos ha creado en Cristo Jesús para que hagamos buenas obras, siguiendo el camino que él nos había preparado de antemano." (Efesios 2:10 DHH).

"De esa manera Jacob se hizo muy rico y llegó a tener muchas ovejas, esclavos, esclavas, camellos y asnos." (Génesis 30:43 DHH).

"Entonces el hombre le dijo: —Suéltame, porque ya está amaneciendo. —Si no me bendices, no te soltaré —contestó Jacob." (Génesis 32:26 DHH).

"Entonces el hombre le dijo: —Ya no te llamarás Jacob. Tu nombre será Israel, porque has luchado con Dios y con los hombres, y has vencido." (Génesis 32:28 DHH).

"Hermanos míos, ustedes deben tenerse por muy dichosos cuando se vean sometidos a pruebas de toda clase. Pues ya saben que cuando su fe es puesta a prueba, ustedes aprenden a soportar con fortaleza el sufrimiento. Pero procuren que esa fortaleza los lleve a la perfección, a la madurez plena, sin que les falte nada." (Santiago 1:2-4 DHH)

"Les digo todo esto para que encuentren paz en su unión conmigo. En el mundo, ustedes habrán de sufrir; pero tengan valor: yo he vencido al mundo." (San Juan 16:33 DHH).

"A Josué, hijo de Nun, el Señor le dio la siguiente orden: «Ten valor y firmeza, porque tú eres quien hará entrar a los israelitas en el país que les he prometido, y yo estaré a tu lado.»" (Deuteronomio 31:23 DHH)

"Vayan, pues, a las gentes de todas las naciones, y háganlas mis discípulos; bautícenlas en el nombre del Padre, del Hijo y del Espíritu Santo, y enséñenles a obedecer todo lo que les he mandado a ustedes. Por mi parte, yo estaré con ustedes todos los días, hasta el fin del mundo." (San Mateo 28:19-20 DHH94I)

"El Señor es mi pastor; nada me falta." (Salmos 23:1 DHH)

"No se aflijan por nada, sino preséntenselo todo a Dios en oración; pídanle, y denle gracias también. Así Dios les dará su paz, que es más grande de lo que el hombre puede entender; y esta paz cuidará sus corazones y sus pensamientos por medio de Cristo Jesús." (Filipenses 4:6-7 DHH).

NBV

"«Eres digno de recibir el pergamino y de romper sus sellos, porque fuiste sacrificado y con tu sangre compraste para Dios un pueblo de entre todos los linajes, pueblos, lenguas y naciones. Así formaste un reino de sacerdotes que sirven a nuestro Dios y reinarán sobre la tierra»." (Apocalipsis 5:9-10 NBV).

"Si entrego a los pobres hasta el último bien terrenal que poseo, y si dejo que me quemen vivo, pero no tengo amor, de nada me servirá." (1 Corintios 13:3 NBV)

NTV

"—Yo soy el camino, la verdad y la vida; nadie puede ir al Padre si no es por medio de mí." (Juan 14:6 NTV)

"Pues el mundo solo ofrece un intenso deseo por el placer físico, un deseo insaciable por todo lo que vemos, y el orgullo de nuestros logros y posesiones. Nada de eso proviene del Padre, sino que viene del mundo; y este mundo se acaba junto con todo lo que la gente tanto desea; pero el que hace lo que a Dios le agrada vivirá para siempre." (1 Juan 2:16-17 NTV)

"Si alguno de ustedes quiere ser mi seguidor, tiene que abandonar su propia manera de vivir, tomar su cruz y seguirme. Si tratas de aferrarte a la vida, la perderás, pero si entregas tu vida por mi causa, la salvarás. ¿Y qué beneficio obtienes si ganas el mundo entero pero pierdes tu propia alma? ¿Hay algo que valga más que tu alma?" (Mateo 16:24-26 NTV)

"¿Acaso no crees que yo estoy en el Padre y el Padre está en mí? Las palabras que yo digo no son mías, sino que mi Padre, quien vive en mí, hace su obra por medio de mí." (Juan 14:10 NTV)

"Mi antiguo yo ha sido crucificado con Cristo. Ya no vivo yo, sino que Cristo vive en mí." (Gálatas 2:20 NTV)

"—Felipe,... ¡Los que me han visto a mí han visto al Padre! Entonces, ¿cómo me pides que les muestre al Padre?" (Juan 14:9 NTV)

"Dios lo elevó al lugar de máximo honor y le dio el nombre que está por encima de todos los demás nombres para que, ante el nombre de Jesús, se doble toda rodilla en el cielo y en la tierra y debajo de la tierra, y toda lengua declare que Jesucristo es el Señor para la gloria de Dios Padre." (Filipenses 2:9-11 NTV)

"Ahora Cristo está muy por encima de todo, sean gobernantes o autoridades o poderes o dominios o cualquier otra cosa, no solo en este mundo sino también en el mundo que vendrá." (Efesios 1:21 NTV)

"¡Yahveh! ¡El SEÑOR! ¡El Dios de compasión y misericordia! Soy lento para enojarme y estoy lleno de amor inagotable y fidelidad." (Éxodo 34:6 NTV)

"Pues el SEÑOR tu Dios vive en medio de ti. Él es un poderoso salvador. Se deleitará en ti con alegría. Con su amor calmará todos tus temores. Se gozará por ti con cantos de alegría." (Sofonías 3:17 NTV)

TLA

"Lo que antes sabía de ti era lo que me habían contado, pero ahora mis ojos te han visto, y he llegado a conocerte." (Job 42:5 TLAI)

"Porque todos los males comienzan cuando solo se piensa en el dinero. Por el deseo de amontonarlo, muchos se olvidaron de obedecer a Dios y acabaron por tener muchos problemas y sufrimientos." (1 Timoteo 6:10 TLAI)

Traducción Lenguaje Actual dice: "Los que triunfen sobre las dificultades y sigan confiando en mí."

BLPH

"Es verdad que mientras unos anuncian a Cristo con rectitud de intención, a otros los mueve la envidia y la rivalidad." (FILIPENSES 1:15 BLPH).

"El amor es comprensivo y servicial; el amor nada sabe de envidias, de jactancias, ni de orgullos." (1 Corintios 13:4 BLPH).

"Si me aman, cumplirán mis mandamientos;" (Juan 14:15 BLPH)

"...yo no rechazaré al que venga a mí." (Juan 6:37 BLPH)

LBLA

"Porque la rebelión es como pecado de adivinación, y la desobediencia, como iniquidad e idolatría." (1 Samuel 15:23 LBLA)

"Estad quietos, y sabed que yo soy Dios; exaltado seré entre las naciones, exaltado seré en la tierra." (Salmo 46:10 LBLA)

"Si tu presencia no va con nosotros, no nos hagas partir de aquí. ¿Pues en qué se conocerá que he hallado gracia ante tus ojos, yo y tu pueblo? ¿No es acaso en que tú vayas con nosotros, para que nosotros, yo y tu pueblo, nos distingamos de todos los demás pueblos que están sobre la faz de la tierra?" (Éxodo 33:15-16 LBLA).

"No me eches de tu presencia, y no quites de mí tu santo Espíritu." (Salmo 51:11 LBLA)

RVR 1960

"Y será predicado este evangelio del reino en todo el mundo, para testimonio a todas las naciones; y entonces vendrá el fin." (Mateo 24:14 RVR19160)

"no hay otro como él en la tierra, varón perfecto y recto, temeroso de Dios y apartado del mal." (Job 1:8 RVR 1960)

PDT

“Entonces aparecerá ese hombre maligno y el Señor Jesús lo matará de un solo soplo.” (2 Tesalonicenses 2:8 PDT)

“Pero no pierdas la calma, soporta los sufrimientos y dedícate a contar la buena noticia y a cumplir los deberes de un siervo de Dios.” (2 Timoteo 4:5 PDT)